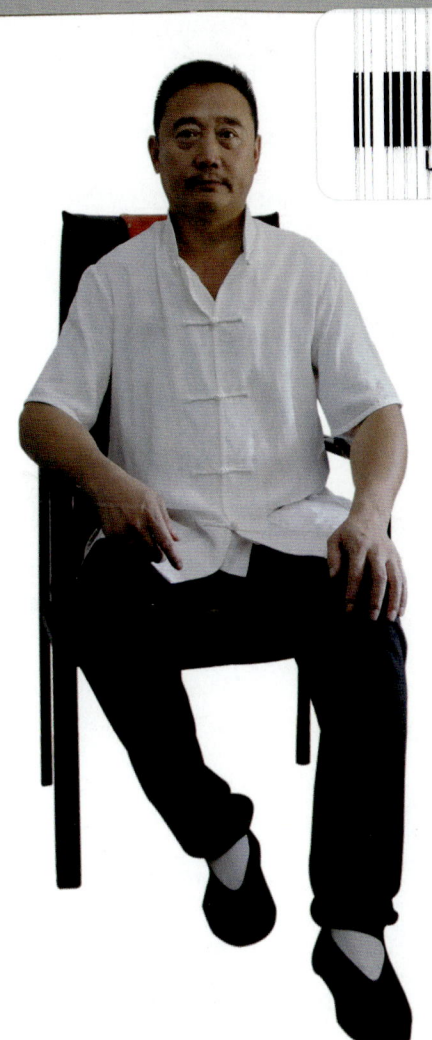

作者　王建平先生

形意大成拳之武术精神

形意大成拳之武术精神,弘扬传统拳学文化,追求武术最高境界!

武术最高境界包含两个方面:

一是武,功夫,功夫又分静功和动功。

静功的最高境界,指能进入天人合一的状态,也就是静到内无身心,外无世界的状态中。

动功的最高境界,指内气运行进入化劲,周身贯气劲得浑圆。

二是术,技法,技法的最高境界是指在实际肉搏中,做到拳打人不知,出手如无手和一触即出。

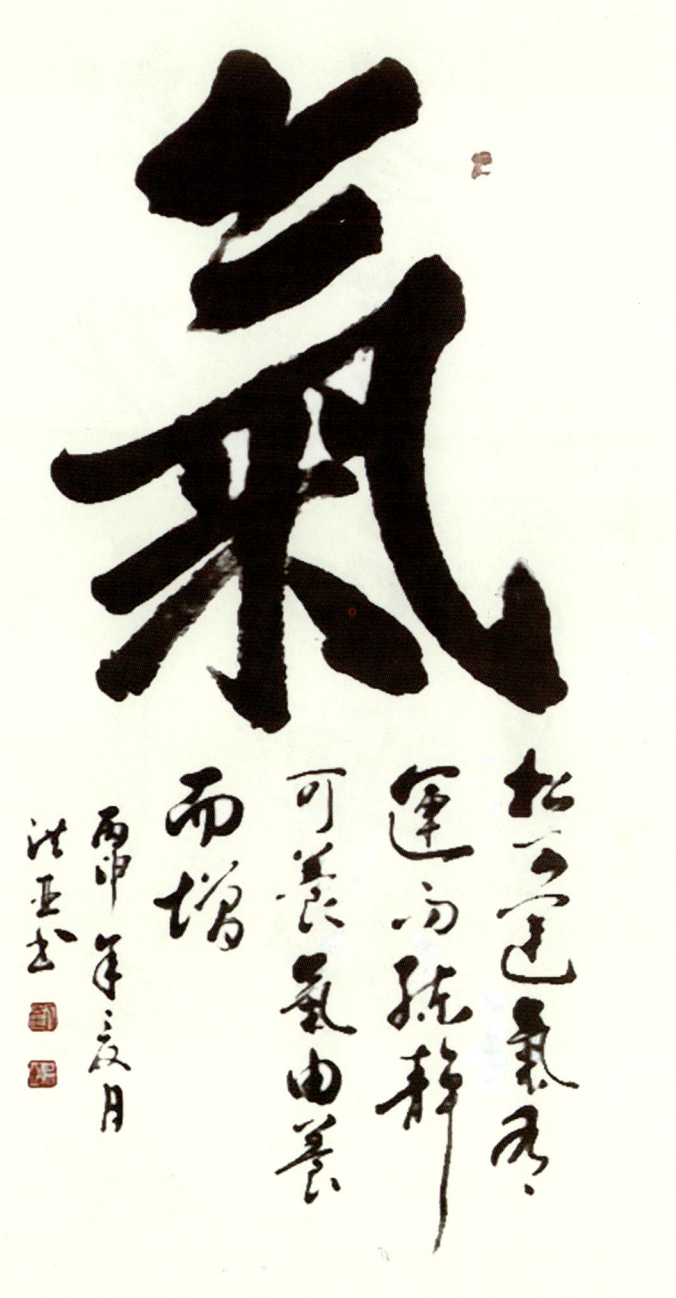

氣

松之氣氣而運而疏神可養氣曲養而增

丙申年夏月
沈玉書

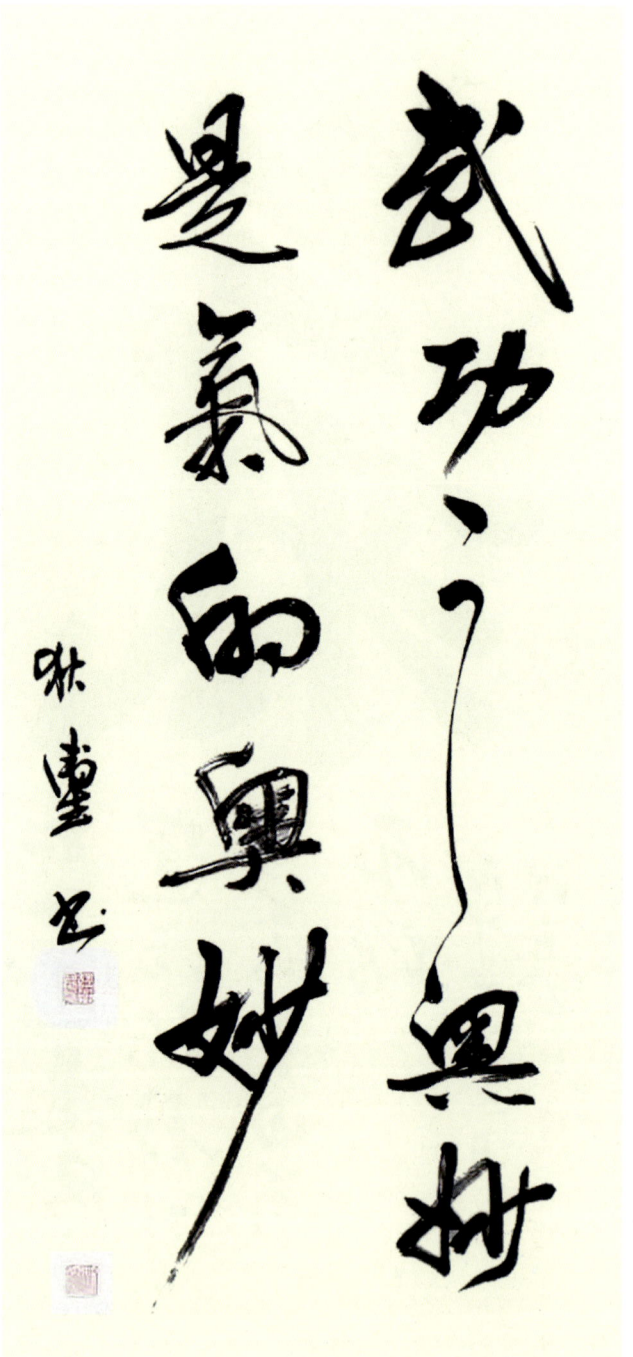

武功、與妙是氣而奧妙

啉堂书

氣由桩中生
力有氣中來

時在丙申年亥月 涵生

大道求真

少儿时期

青年时期

青年时期

参加香港国际武术节获得拳术金奖和功夫绝技银奖

连云港电视台"功夫达人"节目

参加江苏综艺《大侠请留步》获得大侠基金奖

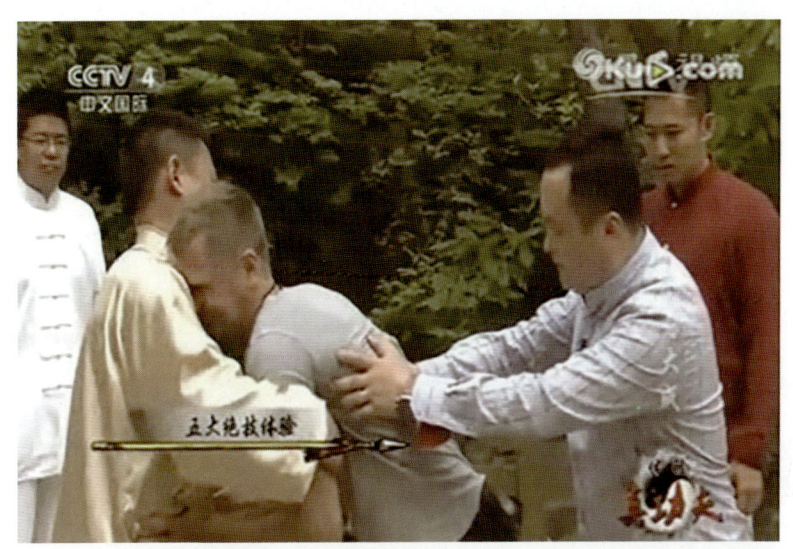

体验真功夫形意大成

之子：王宏波少儿时期

之子：王宏波 站桩

之子: 王宏波 练功照

形意大成拳研究会成立暨形意大成拳书发布会留影

追求武術最高境界
弘揚國術博大拳學

秋堂書

序

　　我与王建平先生初识在 2009 年香港国际武术节上，开始对王先生认知不深，当拿到《形意大成拳》的书稿，颇为感叹，觉得这本书就如同他人一样蕴含很深。

　　中华武术博大精深，汗牛充栋，形意大成拳属于内家拳拳系，有着自己完整的步骤和拳理，王先生经过多年修炼，敢为人先，自立门派，创立了形意大成拳的精神值得推崇。

　　王建平先生，生于 1963 年，江苏省连云港市人，现为中国武术六段、国际武术七段、高级气功师，创立了形意大成拳。他曾多次参加过市、省、全国和国际武术比赛，获得金奖、银奖、优秀奖、一等奖及二等奖等多项荣誉，并极力弘扬传统武学文化，一直从事武术推广和教学工作，喜欢结交热爱武术的朋友，经常到全国各地讲学，教学勤谨，桃李满天下。

　　王先生一生酷爱中国传统功夫，注重武德修养，广求名师，博采众长，融会贯通，亲身体认，日臻化境，为当代著名民间实战武术家。他 8 岁习练武术，70 年代后期练习中国式摔跤；80 年代初练习散打，1986 年拜形意拳名家李玉兰老师学练形意拳；1992 年拜大成拳名家、第三代传人赵续泉老师学练大成拳。受到形意拳、大成拳名家的言传身教，深得形意拳和大成拳之精髓。

　　1992 年起，王建平先生就开始对自己的武术体系进行创新和编著，把平生所学所悟进行总结归纳，经过几十年的不断体验和感悟，经过无数次的认证和修改，加之40多年习武经验积累和实践，逐步形成自己的武术体系，创立形意大成拳，并被列入江苏省连云港市非物质文化遗产保护名录，"单腿站立两人推不动功夫"正在申报世界吉尼斯大全。

形意大成拳是王建平先生以气功为根基，融汇了形意拳、大成拳武学之精要，并吸取了太极拳、八卦掌、云门腿法等精华，创立了一套集养生与技击为一体的中华传统武术功法拳法体系。其内容丰富翔实，进阶由浅入深，修炼循序渐进，引导学练者更快步入武学殿堂。

中华武术博大精深武术依然有着自身独特的魅力。王先生将毕生经验出版并与同仁共享，交流切磋，在充满浮躁的现代社会中是不多见的，也是难能可贵的。该书的出版不仅是作者对自身武学的经验总结和历史归纳，同时对于广大武术气功、健身养生的爱好者，尤其是大成拳、形意拳、太极拳等内家拳爱好者，也具有很高的学习研究价值和练功参考价值，故乐于向广大读者推荐此书。希望广大武术爱好者从书中学到中华武术之真谛，步入武术之殿堂，并能够进一步热爱中华传统武术，共同传承中华传统之国术。

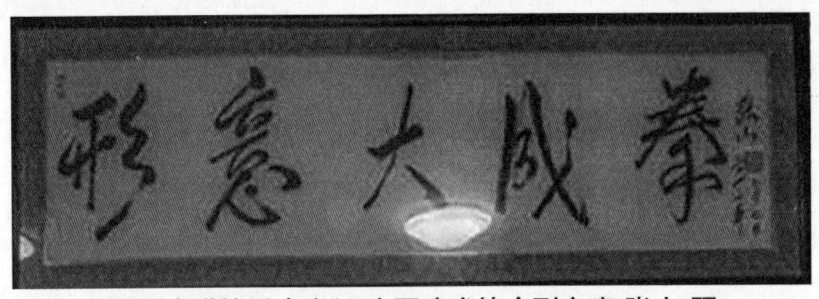

国际武联技委会主任 中国武术协会副主席 张山 题

连云港市形意大成拳传承基地

拳学大成

为王建平先生创
立形意大成拳而也

丙申亥月
翁一光

孔望山集体练功

武馆内集体练功

内气运行入化劲
周身贯气得浑圆

无力不具　有感即应

动练意气力　静养精气神

形意大成拳

十二零一六年春

王建平书

目 录

武术之道贵在坚持重在精神

王建平书

于一六年

前 言

　　武术是中国的国术。中华武术历史悠久、博大精深，并且不断精进发展。拳术之历史，我以为是由戴氏心意六合拳发展到形意拳，再由形意拳发展到意拳（大成拳），由形意拳、大成拳、太极拳、云门腿法等拳术精髓发展为形意大成拳。从发展历程看，拳法是通过创造更新并在实践中不断进步和发展的过程。

　　中华武术博大精深，拥有自己完整的武学理论体系和功夫层级、步骤、构架，习武需要有一个循序渐进的修炼过程。往往一年半载难得入境，需要从小培养热爱武术的兴趣，并忘我地去追求，全身心地投入到习武中，才能到达精进成熟的彼岸；也只有全身心地投入，修心志，明拳理，并有诚意、耐心、决心，持之以恒，日日不停地坚持修炼，方有希望步入更高层级的武功之殿堂。

　　武术作为中国的国术，体现了中国龙的精神传承。它不光可以健身、防身，还可以锻炼人的胆识、意志，提振精神。让一个人有健壮的体格的同时，还可以拥有坚强的意志和果敢的性格，能对练武之人的人生道路和人格的培养起到一定的积极作用。

　　中国武术深奥、多样。深奥，使一般人难以真正掌握，不易学习，往往练习了一辈子也未必能够掌握其精髓和要义；多样，即你学习哪一门武功都不能代表中国武术的全部。因为，中华武术倡导尚武的精神教化作用，不是简单的几个套路和嘴皮上的空洞理论可以以偏概全的，需要从小培养，需要热爱武术的兴趣，需要花费时间循序渐进地培养和熏陶，自己亲身体悟武术中蕴含的精神，只有这样，才能真正传承中华民族的传统文化，将中国功夫发扬光大。

　　中国武术走入奥运是我们中国人的心愿和梦想，现在上不了奥运，不光是因为国人努力不够，深层次的原因很多，而且是多方面的。希望有一天通过全世界武术爱好者和武术工作者的不懈努力，使中国武术能走上奥运赛场，给全世界人民带来益处，带来健康！

形意大成拳简介

形意大成拳是中华民族特有的武术之一广泛吸取了气功和形意拳、大成拳、太极拳、八卦掌、云门腿法等多家武术之精髓。其中,形意拳主要吸取了五形、虎扑、虎托等,去掉了形意拳的套路;而大成拳主要吸取了站桩、试力、发力的练功形式,创编了不同于形意拳的桩功、试力和发力等;太极拳主要吸取了化劲和推手;八卦掌主要吸取了步下功夫和走打;云门腿法主要吸取了腿的功法和腿的技法,从而形成了为更通俗的、易练的集技击、养生与表演于一体的拳法体系。

形意大成拳是一种内家拳,有着自身完善的武学体系和武术技击步骤,以修炼者层级作为衡量习练者武学水平的进步和提高。在基础武术技法上,主要包括动作、站桩、试力、发力、推手等技法,以及五大绝技、二大功夫等内容;在练习内功时,分为静化、气化和劲化三个阶段;在提升晋级时,又分为九段。即一段为合劲;二段为挣劲;三段为整体劲;四段为跟劲;五段为内里劲;六段为内圆劲;七段为空透劲;八段为内整劲;九段为浑圆劲。内家拳武功中呼吸极为关键,分腹式顺呼吸和腹式逆呼吸二种。腹式顺呼吸法是指吸气时小腹鼓起,呼气时小腹内收。腹式逆呼吸法是指吸气时小腹内收,呼气时小腹鼓起。练法不一,用法不同。

创立一种武学, 需要以合理的、系统的练养之法为核心。形意大成拳从初创到现在已经形成了自身完善的拳法体系。它的动作主要包括定架、活架、变架, 劲道主要包括合劲、挣劲、整体劲、跟劲、内里劲、内圆劲、空透劲、内整劲、浑圆劲这九大劲法。此外, 还有站桩、试力、发力、推手、技法、实作等技法。学习形意大成拳的八大步骤是迈向武功殿堂的必由之路, 八大步骤为一明理、二功架、三腿功、四步法、五丹田、六桩功、七劲道、八技法。形意大成拳还有五大绝技和二大功夫。五大绝技为: 打人像电击一样、抗击打、化劲、放 (发) 人、别人推不动。二大功夫为: 铁腿功夫和盲打功夫。

在习练形意大成拳的过程中, 劲是体现不同功夫层级的标准, 也是衡量其不同技击水平的标准。因此, 该拳的教学以九大劲道来进行段位划分。之所以依据分段划分, 一是段位划分是以段位与武功进度相匹配, 具有循序渐进的程序结构, 可使习武者由易到难、由浅入深地学习, 便于学者对武功的提高和掌握; 二是段位划分有着明确的考核标准, 可认定学者习武成绩, 对其功夫有明确的认可, 能激发学者的上进心和荣誉感, 促进练习拳者向上努力的主动性,引导学者追求武功最高境界的积极性; 三是段位划分使学者一步步迈入科学合理的习武进程中,掌握到从低级到高级的武功奥妙, 从中体验到武功带来的益处和乐趣等, 从而认识到传统武术博大和精深, 便于形意大成拳的开展教学和扩大推广。

练习形意大成拳,与其他拳种其最大不同就是层级化习练,简单易学。需要通过循序渐进的习练,明确思路,逐步提升,而摆脱一些传统教学杂乱无章、浪费时间、误人误时的现象。

在过去的 20 多年中，我从创立和习练形意大成拳的感悟中认识到，八大步骤是迈向武功殿堂的必由之路。首先是明理，学拳先明理，道理清楚了，再学就会思路清楚，方向明确，可以举一反三，触类旁通；其次是功架，既然是拳步骤必然有架势，虽说形意大成拳不单纯为了功架而追求功架，但其基本的形态还是有的，第三是腿法，拳法分为手法与腿法，形意大成拳注重手法，同时注重腿法的精练，这也是习练者需要掌握的步骤之一；第四是步法，手腿身法步，手到步到方为真，步法不妥，很难做到手到步到；第五是丹田，练武人都十分注重丹田，这是蕴藏人功力的地方。习练形意大成拳靠站桩养气，丹田有练气来修炼，丹田是习练的关键之关键；第六是桩功，这是练习形意大成拳的基础之基础，从初级到高级都由此而生。桩功是武功修炼中不可缺少地重要部分。 第七是劲道。形意大成拳十分注重劲道的提升，劲道威力之大小，也是看一个习武者功力高低的标准。制敌的高级阶段是靠劲道屈敌，通过站桩，增加内气，提高功力，这是拳法的核心要义；第八是技法。形意大成拳不讲究招法，但绝非没有技法，只是形意大成拳的技法不同于一般拳种的技法，是讲究出手见功夫，变化人不知，生发于心，见乎于形，由意而为，更为高级的技击技法。

本书将详细解读形意大成拳的拳法体系，并希望以此为蓝本，将这种拳术奉献给广大热爱武术的朋友们，期待从修炼中获得中华武术的精髓道义，强身健体，发扬光大中华传统武术！

传承武学七弟子拜师时合影

第一章　形意大成拳八大步骤

形意大成拳八大步骤: 一明理、二功架、三腿功、四步法、五丹田、六桩功、七劲道、八技法是迈向高级武功殿堂的必由之路。

步骤之一　拳学理论（习拳先明理）

学习拳法先要明晰拳理, 明白为什么, 知道习练拳术的内容、基本原理和基础功夫。

第一节　明　理

讲课照

习拳明理方得道。习拳先要明理,要能够正确地理解拳学的理论。学形意大成拳须先学习拳理,拳理明白了,目标自然明确,拳自然容易学;反之不解拳理,目标不明确,就难以系统地练好、练精形意大成拳,也就难以迈向武功之殿堂。理论指导实践是永世不破的真理。当然有些拳之真髓,不太好用语言去表达,如同甜梨的味道,再好的语言也不容易描述出来。自己尝了,觉得是这样,但也不容易描述出来,这就需要感悟和体认,从认证中找到答案。形意大成拳抛开一些传统拳学理论困扰和迷惑,从实践中去体认,吸取切合实际的,正确的传统的武学理论和创立崭新的、通俗的、科学的武学学理。

从学理上来看,习练形意大成拳需要明确以下三个方面的道理。

首先,形意大成拳属于内家拳。在中国传统文化中,内家拳注重修身养性,性命双修,即精神与身体双修;注重养生和技击双修。既注重内功修炼,讲丹田,讲养气、练气,讲内劲,讲实战。

现今世界武术拳法主要分三大流派。一是以气发力用力的中国传统内家拳;二是以气助肌肉发力的中国传统外家拳;三是以体能肌肉发力的外国拳。三大武术流派,内家拳最难、最深奥,需要学练的时间也最长,其次是外家拳,最简单是外国拳。

内家拳于明末清初最为盛行,到清代和民国时期,中华技击术发展到了最高阶段,内功的发展是这一时期的重要标志。清代武术技击专著中开始出现"练气"的论述,并指出习练者必须"练形以合外,练气以实内"。其时,不少技击家既习招式,又练内功。这种结合不是简单地二者兼练，而是将二者恰好地结合为一体。此时内家三大拳都相继而生，也是中国武术最鼎盛时期。

内家拳又为气功拳，动作为气功形态，行气为运行状态，所以说形是行气之基础。在劲道上，讲究以意行气，以气运身，内劲贯注周身，发力或运力，外柔内刚，讲内劲。内家拳是由道家哲学，结合气功、医理、力学等多个方面学术理论而创立的。

作为一个一心想修炼好中华传统武功的习武者，必须明确以下几点：

1、要有名师指教，使你明确拳理和学到外部学不到的功法和技法。名师点化一句，胜过你多年的苦练。这就是名师出高徒的道理。别入错了门，走错了道，误了自己的时间，浪费了自己的汗水。

2、要有恒心和悟性，即要有持久不变的决心和意志，贵在坚持。要正确理解和感悟到老师所传的心法要意，这样方可掌握好老师传授的内容。

3、要有刻苦练功的精神。再好的武功，不练是上不了身的，梅花香自苦寒来，功夫是练出来的。

4、注意体认和参悟。古语说：师父领进门，修行在个人。要认识到是否正确，从体会和认知中不断提高，参悟其学理、其功法、其技法之奥妙，只有在习练中体会自己的练功效果，方可步入正确的修炼之道，循序渐进，步入大成。

5、要多交流，多实战。交流有利于自己经验的积累，有利于武术

水平的提高；多实战，即通过实际应用，才能看出你有真正地掌握好所学的内容。实战也是必需的一课，光在岸上做动作是体验不到下水的真正感受的。

6、要有武德。古人讲德高艺方高，因德好更易受老师的信赖，得到其真传。德高了易提高你的智慧，有大智大慧的人方更有希望修炼成高级的武功，方更有希望迈入武术之殿堂。要知习武者汗牛充栋，多如牛毛，成功者凤毛麟角。不是人人都可登堂入室的。

7、要踏实习练。不能存有心术不正、急于求成、好高骛远之心理，应脚踏实地，勤学苦练，随时把最艰苦、最乏味的训练当作一种乐趣，越是能接受此等的折磨，则其成功的可能性就越大。

8、习武人以"追求武术最高境界"为目标，会促使你在习武的道路上，不断地努力，不断地提高，这样方有希望修炼成正果，步入武术之殿堂。提倡交流与发展，追求武道。追求武道也就是追求修炼武术最高境界之途径。武道精神是武术文化的核心，是武术文化的灵魂。

其次，正确认识武术的作用。武术具有强身健体、防身自卫、锻炼意志、陶冶情操、竞技比赛、娱乐观赏、交流技艺、增进友谊等作用，而其最大魅力是武艺本身的武功。那出神入化、高深莫测的功夫，成为众多学武者长年或一生坚持不懈、孜孜不倦追求的目标。一个真正的武功修炼者，当修炼到高级境界时，会从中得到无限的乐趣，找到真正的自我。

中华武术历经几千年不断传承和发展，已逐步形成独立的、庞大的文化体系和学理基础,是中华民族在长期生活斗争实践中逐步积累和发展起来的一项宝贵文化遗产。其内容丰富多彩,形式多样,风格独特,是一项具有广泛社会价值和民族文化特色的中国传统运动项目。武术为中国的国术和国粹,代表民族之精神,博大精深。不仅是中国人为之热爱,更有许多外国人漂洋过海慕名而来,拜师学艺。

第三,**明确武术的大道**。武术之大道是追求精深的武功和武技。精深的功夫讲内功的修炼与应用,如浑圆功,而不是用拙力和蛮劲,又伤害身体。高级的武技一触可使敌失去再战的能力,而不是只讲套路、讲招式等不切实际的小把戏。

武术之大道需要理论与实践并重、传统武术与竞技武术并重、技击与健身并重、练与养并重。随着内家拳产生,武林高手中出现了不同的体貌特征。如早期的武林高手,往往是年轻力壮,人高马大,力气大,懂技巧,或练过硬功,硬气功等,有几下绝招,会一些拳法,所用的多是肢体的拙力。后来,武术发展到最鼎盛时期,内家三大拳都相继而生,此时有年纪大的、体瘦矮小的武术高手出现。此类高手往往貌不惊人,深浅内功,动作轻灵,变化无穷,打人似电击,放人如挂画。同时,我也不赞同一些搞造神的武术、虚假的武术,他们把武术变成了舞蹈,以虚假的武术去行骗,误人子弟,影响和破坏真正武术的形象。

最后,弘扬中华武术,促进武术走入奥运。我认为中华武术走向奥运,走向世界是发展的总趋势。我相信通过国人的共同努力,一定会成功。但是,走向奥运的武术应是武术的精髓,是能够振奋民族精神和民族文化内涵的武术。

中国武术博大精深,集中了中国人民的智慧,体现了民族精神,蕴含着中国传统文化内涵。传统武术需要与当前竞技比赛要求相结合,方可充分展示中国武术威力,使中华武术威震天下,得到真正地发扬光大,并使国术高深的功夫和精妙的技法展示在世人的视野中。当前一些传统武术的功夫与技击方法相继失传、退化。散打缺乏功夫,技法的技术含量少,存在变化单一的现象。

这些现象是当前传统武术与散打技术脱节造成的,如此下去,传统武术的技击方法将随时间的流逝而消逝散打也将随着对外交流的扩大和比赛次数的增加。面对越来越多的国外选手的挑战,其优势会逐渐地减小,甚至没有优势。现代散打比赛用的是限制传统武术发挥的比赛规则,挂着中国武术的招牌,打出的是拳击加腿、加摔跤不中不外拼凑招法,使不懂武术的人们认为这就是中国武术,使原本高深莫测的中国武术受到质疑,名声受损。

在这些方面,仅靠一些民间武术家是不够的,要靠国家的支持。要走向奥运,要把中国的国术和健身的益处展示出来,不能为了走向奥运而上奥运,要让全世界武术爱好者从中得到武术之真髓,而不是提起前辈的功夫沾沾自喜,沉睡在前人功夫的幻觉中,又不追求和继承前人武术,

我们应该明白任何一种拳法,都代替不了整个武术。任何一种拳术,都不可能代替和包含传统多家拳术的全部功法和技法。我们的国

人,特别是武术工作者,更应共同努力,制定出某种不限制各家技击技巧, 又能充分发挥出传统各家武术的风格的比赛规则。以打斗的风格走向奥运, 走向世界。要发展武术的真功夫, 发展武术的文化内涵, 而不是花拳绣腿。要知技击是武术的灵魂, 健身是武术的作用。我们要抓住什么是主, 什么是次, 不要走错道, 把武术发展成舞蹈, 把武术发展成只能健身、表演, 不能实战的武术, 那样就把老虎演变成了猫, 使武术的命运走向悲哀。

第二节 功法理论

一、桩功的有关理论

站桩是一种特殊的运动,特殊之处体现在不动的动。所谓不动之动是内里气在运动。站桩是一种无力中生力,不动中生动的功夫,也是培养内气的最佳、最有效的方法。它不仅是习武者迈向武术殿堂的云梯, 而且还是修炼高深功夫的捷径。

站桩开始会产生内动带动外动的运动现象,也就是以内带外的运动现象。这体现了内家拳的运动特点。不知内动,不产生内动带动外动的现象, 就无法练内里试力, 所以说站桩是内动的基础, 内动是试力的基础。

站桩站到一定时期后,元气壮旺,身体内部逐渐充实,就会产生内气,内气足时,就会产生内劲。这种内劲从招法练习中是难以寻求的,只有在练站桩功过程中才能最终体会到。站桩可得到气不运自运,力不练自练的练功效果。同时,桩功于皮下层可练经络之气,筋骨层可练筋骨之气,内里层可练丹田和五脏之气。为了便于习练者理解,我将从几个方面来阐述站桩的理论。

首先,要准确认识站桩之动和内劲试力之动的不同之处,这是站桩理论法发端,也是最后的总结。站桩之动是不动中生动。试力之动,是以内带外的动。站桩的动是自发的动,是内动带动外在的动,非主观之动。假如主观的移动,就破坏了站桩的练功状态,影响了练功之效果。试力之动是以桩功产生内动为基础的,是从养气产生的动到练气运转的动,是一个通过静功到动功的练法过程。

其次,要准确把握桩功中力与气之关系。站桩分为整体桩、浑圆桩和虚无桩三个不同的境界。在力和气的关系上,整体桩讲言力,即力源于气,气可生力。反过来讲,力动,气自然随,力又可运气,这也是站桩中言力、练气之妙处。浑圆桩讲守形,放松可守形,守形可内气渐增,全身贯通;虚无桩讲守神,静可守神,守神可达到天人合一,使人体内气与宇宙浩然之气内外呼应,得到凝神聚气,身外生气。不同桩功练法不同;不同的站桩阶段,产生不同的效应,达到不同的境界。

第三,关于空桩。站桩不可站空桩。空桩指傻站着,失去意识的合理的应用,失去练功效应,最多起到休息的作用。站桩中有意识地合理地应用,可以达到事半功倍的效果。

第四，关于习练桩功的阶段划分。桩功分劲化、气化和静化三个阶段。劲化是通过一个去拙劲、产生内劲、得整体内劲的过程，此劲是一些动功难以所求的。气化通过运气、生气、养气，得浑圆一气之过程。浑圆一气也就是周身上下内气贯通为一体的功态。静化通过一个不静到静、静到极静之过程。极静体现在内无身心、外无世界的忘我状态。极静也是守神的状态。

第五，桩功的一些作用，即力量、速度、反应、抗击打能力的作用等。桩可运气、生气、养气，气可生力，亦可练力量。练到浑圆一气，得浑圆之力；而浑圆之力可练抗击打能力。不动的内动，可在运动时产生速动的能力，是练形意大成拳速度的基本功。反应就是在静中培养和提高人的反应能力。站桩功对力、形、意、神的要求是要做到力不出尖、形不破体、意不露形、神不外溢。

第六，关于浑圆桩与浑圆力的差异性。浑圆桩是周身内气的修炼，通过浑圆桩的修炼可练得周身一气，节节贯通，进而可培养出浑圆之气，故称为浑圆桩。浑圆桩练到浑圆一气时，是进一步修炼浑圆力的基础。浑圆一气好像一个充满气的球，不论哪个点受力，都会瞬间反弹回去。浑圆劲是微动的瞬间周身产生鼓荡的劲。

第七，关于技击桩与浑圆桩的区别。这主要体现在站桩的目的、形态和意念三个方面。在目的方面，技击桩在形上和用意上，是以技击需要和应用为主；而浑圆桩在形上和用意上，是以练气养神和增加功力为主。在形态上，前者表现在技击桩丁步站立，形多是侧势；浑圆桩平步或不定势站立,多是正势。在意念方面,技击在桩形上多是意用于临敌时的状态和技击方法的应用;而浑圆桩意用于放松摆好,得到形神合一的气功态,使内气而生。总体而言,其桩法不同,练法也不同,其作用也不相同。

二、气的有关理论

形意大成拳的气理论源自于中国传统文化中的气功理论,与中国传统武术同出一辙。主要体现在以下几个方面:

首先,气功发源地在中国。气功在中国有着几千年的悠久的历史。有儒家气功、佛家气功、道家气功、医学气功、武术气功等之分。医家气功强调保健、延年;道家气功讲求性命双修;佛家气功讲求明心见性;武术气功则注重练气、发劲等技击应用。

其次,气功的主要练法有周天、存想、导引、吐纳、禅定五大派。中国气功体现了天人合一,形神合一,整体如一的整体观。气功与中医、武术一起,被认为是重要的中华传统文化,受到全世界许多人们的喜爱。几乎所有知道气功的人都认为气功可以强身健体,修身养性,即使那些反对气功的人也在不同的程度上同意这种观点。因为人们确实看到或体会到了这一不可辩驳的事实。

第三,习练武功中,呼吸要自然,一般可用腹式顺呼吸和腹式逆呼吸二种方式。腹式顺呼吸法是指吸气时小腹鼓起,呼气时小腹内收。腹式逆式呼吸法是指吸气时小腹内收,呼气时小腹鼓起。

第四，人体气分三层，即皮下层(经络之气)、筋骨层(筋骨之气)、内里层(丹田和五脏之气)这三层。修炼方法不同，有的是从外向内练，有的是从内向外练。武功的修炼是从外向内练，也就是从皮下层开始练，从外向内练上功更快，是修炼出高级武功的方法。如从整体桩中言力，在练浑圆桩守形，在练虚无桩守静就是从外向内练的。反之如先练虚无桩守静，就是从内向外练了。一个是从力、气、静练，一个是从静、气、力练。从理论上讲，从外向内练更为合理，因从外向内练，符合练精化气，练气化神，练神还虚的三层道理。

第五，气功在武术的修炼中主要分为两大类，即养气与练气，也就是静功和动功。一般静功为养气的修炼方法；动功为练气的修炼方法。养练结合是气修炼之大道，是内功提高必由之路。气由养而增、由练而知其运化。习练形意大成拳练气功，先要站桩，站桩产生气，再试力而动，由发力而到，由技击而用。在桩功养气的过程中，通过了一个气化和静化的过程。在此过程中，气化又分为练精化气、练气化神、练神还虚的三个不同阶段。静化则通过杂念不生到静，从静到极静的过程。一是气由静而养，有养而内气渐增；二是气由动而练，由练而通其丹田、知其运化。反之，光养不练，气不知运化。光练不养，功夫难以见长。练养结合，动静结合，相互促进，方得高功，为大道。

第六，形意大成拳为内家拳，需要练通内气有二大环节。内家拳的奥妙是练气的奥妙，不知如何练气，便不知何为内家拳。内家拳为气功拳，从低到高，必须要先通丹田，得丹田之气；再通周身之气，得浑圆一气。内气贯通，气好比水一样在体内运动。要想练出拳的内劲，就必须从内气的练习开始。气是内功的核心！

中国的气功理论博大精深，变化无常，非常理可以概括。而中国武术之所以魅力无穷关键也在于气。气乃生命之本、力之源泉，气是中国武术的神秘所在！内家三大拳都离不开丹田，离不开以气为根本的修炼。武术气功主要有技击和养身两个方面。技击讲以意引气，以气发力，养身讲站立不动，精神内守。武功要求养生和技击完美结合。两个方面互相促进，共同提高，方可练成上层的武功。

古语讲，内练一口气，外练筋骨皮。气功的主要作用是精、气、神的练习。中医认为精、气、神是无形的极细微物质，是人体生命活动的根本。在古代讲究养生的人，都把精、气、神称为人身的三宝。他们认为人的生命起源是精，维持生命的动力是气，而生命的体现就是神的活动。所以说，精充气就足，气足神就旺；精亏气就虚，气虚神也就少。反过来说，神旺说明气足，气足说明精充。外拳不谈气，只是体力的发挥，肌肉的发力。他们讲的是肌肉松紧之惯性发力。

在形意大成拳的修炼中，武功中气的修炼包括皮下层经络之气，筋骨层筋骨之气和内里层五脏及丹田之气。这都是内气运行的主要部分。这些气是通过丹田生气发力的。因此，丹田好比人体的发动机，丹田之气能产生超常的力量，气即可由丹田到达周身。练出丹田之气还需要有专门的修丹方法。从点到周身才是修浑圆的正确途径。

气功理论中有气沉丹田之说。而形意大成拳中的气沉丹田是指气通过反复练习, 形成气流, 能沉入丹田, 可蓄劲发力, 运用行气, 行走内劲。这气沉丹田不同于硬气功, 气贯丹田和气入丹田。贯和入是努力向下压气进入丹田之现象, 气沉丹田是顺其自然, 形成本能的入丹现象。

丹田分上中下。上丹田为藏神之府; 中丹田为藏气之府; 下丹田为藏精之府。丹田为储蓄精气神的地方, 因此对丹田的修炼极为重视。而在习练形意大成拳时, 需要历经三个层次, 下丹田为藏精之府, 可通过整体桩来练精化气; 中丹田为藏气之府, 在由浑圆桩来练气化神; 上丹田为藏神之府, 最后由虚无桩来练神还虚。

三、劲道的有关理论

知拳法的高低, 不在于拳种的名称或动作招式, 而是决定于所运用劲力的性质。自宋代开始, 特别是在明、清两代, 一种强调内功的武术派别发展起来, 一开始主要流行于武当。从而产生了人体内劲与外劲之分。

内家拳练劲的方法有两种。一是靠养气站桩, 练筋骨之力, 整体之劲。二是靠练气丹田。练丹田之气, 得浑圆一气。它产生劲道分为三个不同阶段: 一是功夫于肢体阶段在脚; 二是有一定功夫在丹田; 三是高级功夫在周身。而不同的功夫有着不同的修炼方法, 如从肢体的整体劲到丹田的内里劲, 从丹田的内里劲到周身的浑圆劲。

而劲的划分也分为三种。肌肉产生的力, 为力; 气产生的力, 为劲;

意产生的力, 为功。意可引气, 气可生力。力源于气, 气源于丹田, 丹田气足, 可气贯周身, 力达四梢。所以说, 武功的奥妙是劲的奥妙, 劲的奥妙是气的奥妙, 气的奥妙是意的奥妙。练劲之法要对路。越练越无力, 越练越没精神, 肯定是习练方式不对。所以说练劲不能泄, 练神不能失。

在形意大成拳习练过程中, 力与劲是有区别的。力是人体由于肌肉松紧的收缩而产生的, 是人体本身所具有的能力。产生的惯性力, 不能向内气产生的力一样, 形成一个整体运动, 达到一动无有不动的可能。其特点肌肉群大速度易慢, 这就是个子大笨的原因。用内家拳观点讲, 这样人的力为拙力, 又称笨力。劲是通过武功的 炼把力转化为劲的过程。劲是以内气运动或爆发而产生。内气运行产生的运动频率极快, 产生的速度会更快, 所以王芗斋先生把它称之为超速运动。从武术理论上讲, 力方而劲圆, 力滞而劲活, 力迟而劲速, 力散而劲聚, 力浮而劲沉, 力钝而劲锐。这也是内家拳理论讲的"练重不如练轻, 练轻不如练空", 凡是技击都尚劲不尚力。

在形意大成拳习练过程中, 还有一个劲与化劲的差异。我认为气产生的力为劲, 气主要以丹田为根本, 可达于周身。化劲是以气为基础, 不用发力和用力, 而是用意不用力, 用意可使内气运行, 气随意走。气的运动可产生内劲, 此劲称为化劲, 所以说内气运行入化劲。化劲讲意到气到, 气到力生, 无发力之过程。化劲的高级阶段, 出手时气流像水一样, 涌于梢节掌上或拳尖, 产生越来越大、不可想象的超强内劲。

化劲的运行气道非常特殊。当化劲达到从丹田通到周身节节贯通时，此时运动内功，可听到嘶嘶有声，达到不问行坐、一触即跌人而出的技击境界。用暗劲、化劲打击，看似没什么劲，冲击力并不大，如打沙包。但打人却很重，暗劲就像铁棍，挨一下受不了，化劲打人如触电。这主要是此劲并不外发，但可气贯周身，力达梢节。这就是内功之玄妙之处。被我化劲打击过的人，都深有感触。武功总体而言也属于气功的一种。内家拳更重视内劲的应用，而内功好的人力量大，速度快，又灵巧。这也是内家拳劲的高级之处。

形意大成拳拳法中，劲道的速度是不同的。内里走劲之速度不论是内圆内里走劲，还是内整内里走劲，不光劲道大，而且速度奇快。因内里走一点，外围走一遍，就好比高楼，下边小动，上边就会大动，劲在内里走，外形动作小。

劲与形也存在着协同与依附关系。劲的不同导致形的不同，变化的不同，速度快慢不同，硬度的不同，技击技术的不同，技击效应的不同。从而形成不同的拳术特征。如太极圆劲，内里走螺旋，外形走弧线便形成太极拳的运动形态。形意拳走的是整劲，形成内外之整合，动作严密紧凑，身正步稳，沉着稳健，讲内气贯通、劲达三节的拳势风格。浑圆劲讲瞬间内气之鼓荡，一动无有不动之劲。其形动作轻灵，变化无穷。

在习练形意大成拳时，要注意区分内家拳、外家拳与外国拳的不同。这主要体现在气与力关系不同。内家拳可在练拳时练气，以内带

外，拳气同行。内家拳发劲的特点是以气为动力，以气发力和生力。发劲是丹田或周身内气之运行与鼓荡，心脏是放松的。发劲经过一个蓄发的过程，气是下沉的，中心也是下沉的，不会伤害心脏和身体。讲意到气到，气到力到，是以气发力，可零距离发劲，动作变化多而快。

外家拳练拳与练气是分开练的，是以气摧力，也就是肌肉为动力，是以气助肌肉发力。发力时是心脏陡然收紧，气是上涌的，中心是上浮的，产生脸红脖子粗之现象。发力太猛对心脏和身体不好，发力越猛对心脏害处越大。做不到零距离发劲。外拳是肌肉松紧之发力，耗体能大。一般个子越大，劲越大。发力要有一定的距离，这样方可打出惯性的力。力一发出中途不易变化。不同的劲打人的效果是不同的。外劲打人多在外表，易形成外伤；内劲打人可以入骨，易造成内伤。

需要说明的是内家拳有推手，外家拳没有推手。主要是劲的不同造成的。推手首先要讲听劲，内家拳行功用力，肌肉是松的；而外家拳用力时，肌肉是紧的，无听劲而言，所以外家拳是没有推手这一大技击技巧的。一般把外力，也就是肌肉发力称为力，把内气发力称为劲。这样便形成内劲与外力之别。

劲与形、形与拳也存在依存和协同关系。什么劲自然会产生什么形，形生于劲。什么形自然产生什么拳，拳生于形。如形意拳是形意劲产生的形；太极拳是太极劲产生的形；八卦掌是八卦劲产生的形。不同的劲，产生不同的技击的风格。形意拳讲打中打，太极拳讲化中打，八卦掌讲走中打。劲是武术的一大奥妙，当你明确此拳是什么劲，也就进入了此拳的门坎儿。不同的劲道打击效果不同,有的发力打沙袋不远,力也不大,但打人的效果好。

用劲的技巧是中华武术的核心要义,也是每个拳种必备的要素。功力是武术的灵魂,劲的应用技巧也就是用功夫的应用技巧。劲的技巧应用如何,是决定胜负的主要因素。有劲要明确此劲在实战中如何应用,最适宜用于哪里,这样方可发挥其劲道的最大特点和威力。从而要注重劲的应用技巧。劲在技击技巧中的应用,超越了一般武术的范围,也是高级武术层次的体现。

内功与体能之间也体现了关联性。练内家拳的人很少练跑步的,因内家拳不同于一般的体育运动。内功练到高时,练拳与技击时是脸不红气不喘的,应用的是内力,而不是拙力。气喘是因用拙力而产生的。但我认为,如参加现代形式的对抗比赛、跑跑步、练练体能结合还是有必要的。

技击中劲的长短、横竖作用是不同的。从理论上讲,形意大成拳的劲有长短之别、横竖之分。如形意大成拳内整为长劲,浑圆为短劲,内里为竖劲,内圆为横劲。内整劲触人似烧红的铁块,敌又不易化解;浑圆极快,打人是电,可打击人的神志。内整劲是手到脚到,内外合一,手来打人,步乃过人,手到人出;内圆劲可四两拨千斤,发人如挂画。其劲各有所用,结合妙用,可随心所欲,得心应手。

劲在技击中作用很大。为什么让你打却打不动,就是你没有练出强大的内劲,也就是打不出周身的劲,如浑圆之劲。在动物世界中可以

看出,猴子再灵活打不过老虎,老虎再厉害也打不过狗熊,狗熊又打不过大象。这些自然规律说明了劲在实际搏击中的重要作用,这也是一些习武者,练了几十年甚至一辈子,光注意寻找一些什么奇门绝招,不注意功力的修炼,到实战时绝招失去了作用,其结果不堪一击。所以古语说:练拳不练功,到老一场空。

四、意的有关理论

对于内家拳习练者而言,练武的奥妙也就是用意奥妙,内家三大拳都离不开意的恰好应用。练功中离开意识恰到好处的合理应用,就不为气功,因没有用意的方法就没有气功之效应。事实上,没有真正不用意的练功方法。如你真正不用意就会失去意识,失去意识你就会形成像石头一样地傻站着,失去了练功的本身效应。意可以运形,意可以引气。意在武术中的应用是无处不在的。

习练形意大成拳时,讲用意不用力,练拳时用意练拳,不是用力练拳,肌肉要放松。用意不用力是"以意运气,以气运身"的高级练拳方法。

桩功中用意的要领要求既不可离开己身,又不可执着己身。形意拳的前辈王芗斋先生有句名言:"离开己身无物可求,执着己身一无是处"。如用意不可直接意守某处,直接意守某处易执着于某处,而产生气滞等不良现象。

练功过程中,"一念代万念"是一种技巧,很有效。"一念代万念"

是练功的一念中排除杂念的方法。"一念代万念"是古人通过练功实践总结出来的一种技巧。

五、松的有关理论

放松是习练形意大成拳过程中一种重要的练功技巧之一,不管是站桩、试力、发力都离不开放松技巧的恰好应用。

松作为一种气功态的状态,是气血运行的基础条件,也是站桩和试力要求。学习内家拳必须要学会放松,因为肌肉紧张会影响气的运动和动作的流畅,无法达到节节贯通和一动无有不行的浑圆一气。内家拳讲肌肉如衣。

放松也需要一个过程。如站桩,主观意识要求放松,但往往松不下来,必须通过一个时间的调整,方可逐步放松下来。它不仅是练功中最基本上的要求,也是步入上乘功夫一个必须做到的要领。试力时,放松运动能使人体各部组织、器官不受压抑干扰,从而得到良好的练气效果。在练拳时,如果身体紧张,不能舒松自然,运动就会僵硬,就会产生拙力,而形成身体笨拙、动作不灵的现象。同时,肌肉紧张会产生不必要的内耗,消耗你的体能,越紧张内耗就越大,动作越僵硬。凡身心长时间紧张,都对身心有害无利,身心的松紧又是相互影响的。而放松状态的好与差,会直接影响练功之效果。凡是明白拳理的拳师授拳,无不重视放松的方法和要求。

松也要适度。不能松而无力,也就是丢力。丢力之松,便形成瘫软

的松，形成泄劲的松。练功要求松不瘫软，松而不懈，体现了松不可丢劲的蕴意。

六、静的有关理论

武功的修炼，有动的一面；更有不动的一面，即静的一面，也就是静功的一面。后者更为重要。

静是守神的方法，是修炼的要领，不是修炼的目的。静的程度不同，说明功夫到了不同阶段，到达了不同境界，从不静到静，从静到极静通过了一个静化修炼的过程。

静有两种现象。一是静而静，失去意识的静，也就是昏沉地静，这种静是不正确的，不是练功的静。二是忘我的静，也就是在用意练功中，忘记一切的静，又称"一念代万念"之静，这种是练功形成的静，是神清意静的状态。练功中的静指的是后者，不是什么都不想，像石头一样的死静；也不是像入睡一样失去意识，而形成昏沉的静。这些没有正确意识应用的静，最多起到休息的作用。希望练功者不要误入歧途，进入静的误区，而耽误练功。

站桩到一定程度，练功者站立不动，身体平静，也会产生静极生动的现象。貌似不动，会产生内动，产生内动带动外动，也就是气之运动。这就是桩功的奥妙，这就是静极生动的道理。所以说不动的动，方是真正的动，高级的运动。

静功是气功修炼之大道，体静可生动，也就是可生气，意静可养神，可开悟,可生慧。静可得到性命双修之作用。静可守神,极静可进入天人合一的高级气功态。天人合一的高级气功态可在自身修炼的同时,得到宇宙的高能量。不论是佛家的养心,道家的炼气,还是儒家的修身,都无不以练静为修炼的方法。

形意大成拳在桩功的修炼上,是从力、气、静开始的,是从练精化气、练气化神、轺神还虚开始的,以静化修炼到虚无为最高境界。静的状态是天人合一的状态,是高级的气功状态。

练功通过一个杂念不生、到静、到极静的静化过程。到静时可守形,守形可生气,气由生而增;静可守神,守神可养神,神有养而旺。入静后,大脑皮层处于练气功特有的状态中,是一种脑海里能体会到的感觉,此时感觉最为敏捷。感到有宁静之感,轻快之感,头脑清晰,心情舒畅,非常舒适得力。到极静时是一种物我两忘的境界,在极静练功状态中练功一小时的话,感觉好像只有几十分钟,有时间缩短的感觉。练完功,人有功力倍增、神清气爽、脱胎换骨之感。

应该知道静功与气功是有联系的。静功是气功的一种,属于禅定派气功范围。静功主要是练神还虚的功夫,属形意大成拳虚无桩的修炼阶段,也是桩功的高级阶段。

七、练拳和练功中易犯的错误

俗语说:练拳不练功,到老一场空。练拳不能光练拳架、练技巧,那样练到老就是花拳绣腿,中看不中用。因而要注重功夫的修炼。武术包含着两方面的内容,武主要是指功夫,术主要是指技巧。只有抓住两方面修炼,才能更好地、完整地掌握好一门武术的体系。

修炼武功因人而异,不是每个人都可以做的。我认为有几种人不适宜练拳。一是练拳心不定者,没练多久,就认为此拳不行,就改别的拳练,盲目求多难以成;二是练拳一知半解,不按规矩练者,难以成;三是练拳心情浮躁,急于求成者,难以成;四是练拳时玩弄小聪明,不刻苦练功者,难以成。这些人难以成大器。

固步自封是习武的大忌。武术界经常存在着一种现象,即都说自己如何如何好,如何如何高强,看不到自己的缺点,更看不到别人的优点,夜郎自大,骄傲自满。这不仅使自己无法获得高深的武功,也阻碍了门派的发展。

形意大成拳是内家拳,而学习内家拳要注意三害。一害练拙力,血脉闭死,使四肢百骸的血脉不能流通,筋络不能舒畅,全身发拘,手足亦不能活泼,身为拙气所滞;滞于何处,何处生病。二害练努气,憋气,用蛮力,太刚则易折,胸内气满,肺为气所排挤,气息不畅。三害挺胸提腹,则气逆上行,终不能归于丹田,上实下虚,两足轻浮无根。

名家误导也容易导致习练失误。一些名气大、不懂什么是真正武术的名家,或出书或网上视频等,对一些习武者,特别是刚学武者造成极大的误导,形成同样拳术理论和练法不一,使初学者摸不着头脑,分不清对错。

现在网络发达,网络成为人们生活的必需,但是,在网上学武术存在着优点,也具有一定的缺点。优点是有利于大家去查武术资料、远距离收看老师视频、快速联动、便于联系等,可以从中学习到很多东西。而主要缺点是对于一些初学者而言,直接跟视频和资料学,分不清对和错,加之理解错误,结果练习中错误百出,耽误时间,还可能误入歧途,练出毛病。

在青年的习武群体中,许多人认为散打好学,也好学散打。这是因为现在很多青年人疏于深入了解源远流长、博大精深的传统武术,常在电视报纸上见到散打比赛的宣传。还有的看到散打花架子多,套路比赛多,造成散打才是真正的武术技巧的误区,认为其他传统武术只是养身的方法,不能用于实战的错觉。当然,真正有神奇功夫和技艺的人还是少数,一般比较保守,不轻意外传,传播力不广,影响力也就小。最主要的因素是传统武术功夫深,习练时间长,一些青年人追求时尚,学习简单速成的散打。其实,学武术的人群中,还是适应学练传统武术的人多,因传统武术不受年龄限制,习练者众多,适宜习练的人群广泛。不像散打,只局限于青壮年的人群。总的讲,不管是实战还是养身等方面看,传统武术更有魅力,更能体现了中华文化哲学道理。

八、练拳和练功中存在的误区

习练形意大成拳是循序渐进的过程,需要练拳与练功同时进行,这里需要从理论理清一些传统的理论误区。

1、套路之误区

武术套路从史料上看，约在明朝中后期才有些记载，武术套路是有由直接练习招式，到把一些招式组合起来，形成套路，主要是为了表演而产生。虽然从套路中能看出一个习武者的力量、速度与变化，但与真正的实战还是不切实际，相差甚远。我认为传统武术中的套路是为了表演而产生的，本来就不是为练技巧和实战而用的。没有套路是人练拳，可随心所欲；而练套路就是拳练人，把一个原本灵巧的人，练成了一个机械式的人。规规矩矩演练套路，浪费了很多练功时间，直接影响到真正练武术的进程。虽然套路也能展示出演练者的力度、速度、协调性和技击技巧，但用套路来表达肯定不够精确，特别是技击技巧，更容易产生理解上的错误，使练习套路容易失去武术的实战性。武术起源于技击，技击也是武术存在的生命力。所以武术离不开实战。

2、绝招之误区

所谓的绝招因是指自己认为能够置敌于死地的招法，主要表现在招法上的绝妙和功夫上的超常上。但任何绝招都不是绝对的，主要看对手的实力，决定你所谓的绝招是否用得上，所以说没有真正的绝招。初练习拳者容易被绝招所误导，往往去追求什么绝招，而不潜心练习基础的功夫，真正到了实战时不知招法的恰当发挥，是受力量、速度、硬度限制和影响的，有时绝招用不上，或在不能在合适的时间使用绝招。事实上，练武的过程是一个练力、发力和用力的过程，也就是练功夫的过程。练技巧用的时间比练功夫用的时间却少得多。

3、速成之误区

速成的武术是有的，但要想学高深的武功，又想速成，那是不可能的。中华武术贵在博大精深、出神入化、高深莫测。一味地追求速成必然会远离高深的武功。还有些习武者一心想追求武术之速成，即不知追求速成同时，必然会 失中国武术博大精深的一面。这实乃是追求速成的误区所在。

4、金钱之误区

武术是学术，当武术受金钱左右和影响时，就会失去真正武术追求的方向，就会影响武术正确的传播和发展方向，同时也贻误了习武者对武术正确目标的追求。致使有些人练了几十年或练了一辈子武术，在技击和养身方面都没有多少收获。

5、现代青年人对传统武术之误区

一是因现在的传统武术多是表演，加之真正有功夫的人又少。二是没有形成能够真正地、恰好地展现自己武技的擂台，自然会让现代的一些青年人认为传统武术只会表演和只有健身的作用，不能实战。这既是青年人对传统武术之误区，又是传统武术之悲哀，也是传统武术发展中的一大障碍。

6、散打胜民间武师的误区

民间武师到散打比赛中失败的根本原因是输在比赛规则上。在散打比赛中民间武师的技法和力量等都受到了限制。往往一些民间拳师上场，自己的拳法无法用，临时改为拳击的手法去打。就如同火车快，而到公路上去跑，其结果就可想而知了。擂台规则限制下的所谓"实战"，其实并非真正的"实战"。如立一个民间比赛规则让散打运动员击打，结果也可想而知了。

7、拳术无高低之误区

不同的拳种，武与术是有高低之分的。不是拳种无高低，只要苦练都一样。有高层次的武术、高深的武术；也有低层次的武术、简单的武术。形意拳宗师李洛能以前学其他拳法，后遍游全国，历经磨难，直到败在心意六合拳下，才知道自己的拳技与人相差甚远，不堪一击，最终拜心意六合拳门下戴龙邦将秘而不传的心意六合拳破格传于李洛能，李洛能十年精心练习，到47岁时学乃大成，与人交技无不得心应手，名震武林，有神拳李之威名。在咸丰、同治年间，神拳李与八卦拳董海川、太极拳杨露禅，三足鼎立。可想而知，如拳种无高低，李洛能就不用遍游全国、千里寻师了。

8、内家拳慢的误区

有些人说，内家拳慢如何打人？用意不用力，不用力如何打人？殊不知慢是练功的，如太极拳的一路、大成拳的试力等，打人时，肯定离不开快。大成拳讲超速运动，形意拳讲出手三节不见形，如见形影不为能，这都是形容打斗时快的作用。手快打手慢这是不可争议的道理。只是快的方式不同，形意拳讲出手不回手，零距离也可发力，这样比回手速度定快。不用力是指不用拙力，用的是内劲。用意不用力是用内劲的方法，讲意到、气到、力到，而内劲可得到浑圆一气之浑圆劲。此劲比拙劲打击力更大，速度更快。此劲打人的效果，是一般人难以想象的。

9、学武人年龄的误区

一些人认为，武术是从小练的，现在大了，胳膊硬了，不适宜练拳了。我认为不同的年龄可以选择不同的拳种，如少儿可练少儿武术；青年人可练内家拳，外家拳或散打；女青年可练女子防身术或其他拳法；老人主要以练内家拳为好。从养身角度讲，年龄大更应该注重对身体的修炼。当然从培养人才的观点看，还是应该从小抓起。我们许多徒弟四五十岁了，才开始练，都能练出成就，练出功夫。有的开始是练养身的，等到功夫成熟了，开始对技击感兴趣，又开始练技击。

10、练功时间越长越好之误区

可以肯定地讲，练功时间的长短不能决定练功的好坏。练功时间像吃饭、睡觉，需要根据自己的身体状态来决定，有一定量的范围，超量肯定有害，不够也不行，练功也是如此。什么功要求练多长时间正好，这就是对时间的掌握，关键是对火候的掌握。如烤饼，时间不够还没熟，时间多了烤煳了。有一些人要么不运动，要么又过度运动，不知科学运动的方式。中国传统的武术是上佳的运动方式，是人类最大智慧的表现之一。现在还有些人或所谓的大师喜爱自我表现，一味地鼓吹一天练拳多少遍，一天站桩多长时间，认为只有这样才能出功夫。实际上，他们也没有练那么长时间，只是虚张声势，表现自己如何吃苦，用不切实际的练功时间来误导别人，使一些没有经验、又想练习精深功夫的习练者误入歧途，把时间耗了，苦吃了，甚至还自己练伤了。殊不知，习练精深功夫要把握好合理的练功时间，要有老师指点。俗语言名师出高徒, 就是这个道理。

11、形意一年打死人、太极三年不入门之说的误区

先讲形意一年打死人, 说明练形意一年劲力已很大, 这并不算夸张, 如练一年的内功, 加上对整体发力的掌握, 一拳下去, 一般没有功夫的人是难以承受的。而太极三年不入门说明太极上手慢, 实际上内家拳练起来都要七八年左右的时间方可完成, 只不过形意从刚向柔练, 开始上功明显, 而太极是从柔向刚练, 开始上功不明显。

12、以练拳出汗和气喘评价一个人功夫的高低

应该知道练拳和技击中人是会出现出汗和气喘的现象的, 这主要是用拙劲产生的现象。当你拙劲不生时, 说明你内劲用的是对的, 也说明你有了一定的内功。到高境界练拳和技击时, 会心不跳、气不喘、身灵步快、出手似闪电、落拳重如弹。所以, 以此来判断是有一定道理的。

13、对武功词语理解的误区

对武功词语理解的误区, 可以说是谬误千里。如什么是浑圆劲, 什么是化劲, 什么是用意不用力, 什么是出手不回手, 什么是言力不言气等等。这些理论问题看似不大, 但是, 一旦错了, 就进入了歧途, 离正确的方向愈走愈远, 结果好的是练错了, 结果坏的是练坏了身体, 练出了病。古语讲的走火入魔, 对练功人而言, 走火, 就是练错了; 入魔就是产生了病态。特别是自学者, 无经验, 无老师指导, 更易形成理解错误, 误入歧途。

14、一些武术书籍的误区

一些武术书籍,为了吹嘘自己的武术怎么厉害、怎样高深等,不切实际地把武术书籍写的像武侠小说似地,让同行人哭笑不得。这种不负责任的做法,会使不懂武术的人和初学者产生误导。不但起不到把武术发扬光大之作用,反而影响武术正确发展的方向。因此,习武者要分清对错、取其精华、去其糟粕、为我所用。

九、一些关联理论问题

我认为对于形意大成拳的理论解读,不仅是对拳法自身理论的解剖和阐述,也需要深化对关联理论问题的认识和理解。

中国拳术理论浩如烟海,内家功夫博大精深,看不见摸不着的,这更增加了内家功夫的神秘色彩。习练中国武术的高境界,往往是没练到这个层次的人无法想象和相信的。这也是中国武术的博大精深之处。

1. 练拳三个不同的阶段

一是用力练拳的阶段,为门外阶段。力是练形的基础,只有练好形,形成气功态,方可练好气。力练形同时又练筋骨肉的功夫。

二是用气练拳的阶段,为入门阶段。形练好后,形成气功态,此时方可进行气的修炼。内家拳气是根本,气也是中国武术的魅力所在,也是中国武术的奥妙所在。所谓的内功就是气的功夫。气是产生力的能量,是武术修炼的重中之重。

三是用意练拳的阶段,为高级阶段。有了气为根本,方可通过意的应用,得到意到气到,气到力生。有的讲用意打人,实际意必须要有气的作用,如用意没有气的作用,光意而意,就失去武功的效应了。

2. 现代武术练习者的类型

一是练套路的。这类人往往追求什么神奇套拳,什么名人所传,追求会多少套拳,而感到沾沾自喜。追求表演的效果,追求高难动作、美的造型,越走越脱离真正武术,越走越舞蹈化,对于真正的练武功来说是一种时间浪费。当然传统的拳法套路也可以体现该拳的特点和风格,因传统的拳法套路是为了表演需要而逐步形成的,里面还可以体现不同拳种发力的特点和技击技巧,不像现在一些竞赛套路搞得面目全非,有些套路甚至如同广播体操一样。

二是通过练拳想强身健体的这类人往往不追求什么高难动作、美的造型、拳法正宗不正宗等,练练身体或玩玩就行。有的到公园和广场跟着别人学习,有的随着视频学习,你要问他练得怎样,他往往会说,不怎样,练着玩玩,一笑而过。

三是追求武术境界的。这类人往往把武术当作自己的生活中不可缺少的一部分,当作自己的事业去做。这类人学起来认真,练起来肯下功夫,可不远万里去学习取经,不在乎花掉大量的时间和金钱。对武术高低非常讲究,对武术境界非常痴迷。有的追求多年,有的追求几十年,甚至一生。当然其中有的能得到武术之真髓,也有最终未能登堂入室的。

3. 如何分清不同的武术习练者

只因武术作用广泛性,自然存在一些不同目的的习武者,也自然形成了不同形式的武术比赛。习武者目的不同,追求目标也自然不同。有的是追求武术之真髓,有的是为了健身,有的是为了娱乐,有的是为了交友等。目的不同,要求也是不同的。如为了娱乐而习武的人,你要教他高深的功夫,他不会认为是难得的机会,反而不愿意下功夫去学练。如一个想学真功夫的人向广场上一个教拳玩的老师学那就南辕北辙了。所以习武者为了不同的目的,就要找不同的老师。

4. 武与术之关系

武指功夫,术指技击技法。武是根本,术是方法。所以王芗斋先生要求:没有功夫是不教技法的。因为没有功夫打人,对方也不在乎,而对方打你,你又承受不了。从技击观点讲,武要发挥,就需有方法;术要有效,就需有功夫,所以说两者都很重要。

功夫和技法是为了用于技击,其效果要通过实际的搏斗得到验证,没有通过实际搏斗验证的功夫和技法是纸上谈兵。所以实战是验证武术水平的唯一标准,脱离实战,武术只是自欺欺人或成为中看不中用的舞蹈,从而远离真正武术的意义和作用。武术要在学中提高,练中提高,用中提高。

5. 学与练、体与用的关系

在武术练习中,学与练、体与用的关系都要明确。学要得法,也就是说路子要对,路子不对再练也难、有成就;反过来讲,学对路子还须刻苦地练才行, 要有合理的运动时间和运动量。功夫虽强, 但要会用, 反过来讲, 光会用没有功夫也不行。

6. 练功的松与静

一言松。练功松, 不可丢劲, 松是指肌肉放松, 是练功时气功态的基本要求。松不能当作练功的目标, 不能为追求松而松。如果执着于松了, 练一会就会感到无力或瘫软, 有泄劲之现象; 练功要求松不瘫软, 松不丢劲。

二言静。练功的静是通过正确的用意方法, 从杂念不生到形成忘我的静。静也不能当作练功的目标, 也就是为追求静而静, 那就执着于静了, 这种静练练就会失去意识, 又称空静, 站的是空桩, 站时间长还易产生晕沉和泄力之现象。练功要求静不昏沉, 不失意识。

习练形意大成拳讲究松静自然。放松、入静于自然是气功锻炼过程中的最基本要求。不论何种内功、练功的哪个阶段都必须符合这一基本准则。一般说来, 在练功过程中, 松静自然看起来很简单, 但真正悟解和做到, 却要下一番功夫。松是指整个身体和精神放松, 是气血运行的条件。静是指练功一念过程中, 杂念逐步减少, 逐步进入轻松舒适的"静"状态。静的程度有深浅, 反映了练功状态的好坏和功夫的深浅。需要明确的是松与静是互相促进的, 放松可以帮助入静, 入静可以进一步放松。练功中的自然是通过一个逐步形成本能和习惯的过程。不论坐、卧、站、行, 姿势都应做到形成自然, 这样方可做到舒适得力。要知松是为了行气, 静是为了守神。松静是练功之要领, 不是目的!

7. 力气静与静气力练法之不同

力气静是武功捷进的练法，先从力开始练，其理是力可运气和练气，其后再练气、养气、最后再练静，也就是按练精化气、练气化神、练神还虚、以虚入道的四层道理来练。

静气力是从静开始练，其理是静可生动，也就是生气；气自然可生力。道、佛、儒、医诸家气功皆是从静开始练，从力气静开始练上功快，力量大，这也是武功与其他诸家气功修炼不同之处。

8. 人的体力和智力

人的体力和智力都受天生遗传影响，但都可以通过武功来修炼提高。人们往往光注重体力修炼而忽视了智力的开发和修炼。

9. 精深武功的修炼途径

高级武功是能练出超人的功力，又有健身养身的作用。练习高级武功关键在于选择高级、系统的功法去修炼。修炼的方法离不开对精、气、神的修炼，而修炼精气神最简单有效的方法就是养气和练气。站桩为养气的修炼方法，动功为练气修炼方法。一般气由养而生、而增，由动功而练，而运。在练气方面一定要抓住丹田气的修炼，丹田气好比是人体的发动机，从丹田发到周身，才能真正练就浑圆一气的高级武功。因此，内家三大拳都离不开对气的修炼，特别是丹田气的修炼。

10. 武术水平高低的评价

评价一个人武术技击水平高低的标准，一般是初级用技巧打人，中级用力量打人，高级用功夫打人。至高无上的武技，需以最上乘的

内功为根基。武术水平的高低,主要是功夫的高低,功夫是技巧之上的东西,凭技巧取胜总是浅薄,凭功夫取胜方为高明,不单可以赢人,还能服人。所以内功修炼成了武术的主要内容。当你具有一触即出的功力和拳打人不知的技巧时,你就达到了高级技击境界。此时你可随心所欲应用你的武功,会感到得心应手。一般得到此境界的人,都离不开老师的真传指点和自身的潜心修炼。

11. 武功与特异功能

武术业界关于特异功能的争议此起彼伏,议论不断。可以肯定地说一些特异功能的现象是确实存在的。武功修炼到高级阶段可能产生某些特异功能,但特异功能的最大弊端是不稳定性,不稳定往往就失去了它的实用性。如预测功能不稳定,预测信息就不易用于军事,或没有人敢用。

习武者特异功能的稳定性会受各种因素的干扰,如受到练习者所处状态、心理、做功的环境、做功次数等影响。因此,我认为有特异功能者不要去刻意追求和有意发挥。这往往不是通过主观努力能做到的,如一味地去追求,练出了偏差,浪费了大量时间不说,还会给你带来无穷的烦恼,甚至会给你的生活带来危害。

12. 内功劲道修炼之理

内功修炼是由内而外,也就是说,是由丹田到周身,但由向外修炼是很难进入的。内功修炼虽然费时甚久、见效慢,但练成后却是威力奇大,超乎想象。临敌一招一式之中可换劲变招,能够不经意间克敌制胜。等到浑圆劲大成，更是无不得心应手。

13. 习武的悟性

人们常说习武人要悟性高的人，才能成才。习武人悟性可分几个部分：一是天生聪慧。就是自身拥有的本能的感悟和发现能力，俗语说聪慧过人就是这样。二是个人悟性。悟性高低来源于自己的水平。人们常说站得高方可看得远，从武功上讲，也就是当你有高的水平时方可感悟到更高的武功之奥妙。如相差太大，告诉你你也理解不了，或不敢相信。三是悟道，就是感悟的方式。悟道讲究方法，重在体会，从体会中去感知和认识，实践出真知。

14. 传承与创新的关系

中国武术不光要讲正宗、讲传承，还需讲提高、讲创新。中华武术走向世界，中国武术的文化也逐渐被越来越多的外国朋友所认识和喜爱。武术的推广过程也是中国传统文化的推广过程。中国武术走向擂台、走向奥运、走向世界必须要制定自己的比赛规则，像拳套是为拳击而设置的道理一样。现在中华武术要想提高、创新，需要传统武术与竞技武术共同发展，这是中华武术发展的正确方向。走向竞技武坛是传统武术必需改革之路。

第三节　技法理论

用妙在本能，胜定于功夫

王建平先生和弟子汤勇（黑衣者）

技击是一项勇敢者的运动，在实战中勇于接近对手，打击对方。认识技击，需先认识人的本能。本能的恰当发挥，可使你的力量、速度和技法充分发挥，给对手以毁灭性的打击，从而战胜对手。

技击技巧讲究全面，这样方可不受限制地，充分地去发挥你的拳脚的威力。

武术之技击的实用性，需要从体认中去寻找，需要在实践中得到论证! 只有经过体认的过程, 才能寻找到所学武术的实用性。只有通过实践方可明确所学武术的实际效果, 得出正确的武术论证。

理论与实践密不可分。没有通过实践检验的理论是空洞的, 未经过反复实践检验, 就抛出了自己的论述, 这种做法是极不负责任的, 有可能会误导后人。技击技巧实用如何, 要通过实战得到验证, 需要在实际的应用中去寻找正确的答案, 而不是靠主观的想象。

形意大成拳技击理论主要包含以下几个方面:

1. 技击中三种不同的层次

一是一般层次的技法应用。一般层次的技法应用, 指拳脚相触, 一触即出, 一击便倒。所以只要应用正常范围的拳脚技巧进行相搏。技巧的应用显得极为重要, 有的表现为有几个常用的所谓绝招取胜人, 有的表现为一些硬功占其优势。

二是力量层次的技法应用。这主要表现在一力降十会, 如果你的对手力量大于你很多, 你的招法就很难用上, 如果你的对手力量超群, 你会什么招法都没有用。就好比一个 60 公斤的拳手, 和一个 100 公斤重量级拳手比赛, 是没有胜的希望的, 所以比赛要分量级, 也就是分力量大小。

三是功夫层次的技法应用。把人打出去不算功夫, 一接触对方就出去, 这才是功夫, 这就是一触即出。这就需要功夫得化劲或浑圆劲时, 通过劲的传导性, 一触可使人失去平衡或失去意识, 或跌人而出。这是功夫层的技击效应。人们常说, 拳不打力, 力不打功。这也说明功夫之厉害。

功夫层次的技法应用是根据自己的功夫特点形成自己独特的攻防方法,用功技法发挥就好比用刀用棍在搏击,只不过功是无形的,而技法的搏击看起来显得更为简单直接,但攻防的效果往往是惊险离奇,超乎想象。

其特点是在点上就可打人和放人,点也是指接触点,有接触就可打人和放人。触打开始,多用手、腕、臂。到功夫深了,可用腿和周身去触打对手。

一般层次技法,在攻防动作的接触中是没有打人和放人效果的,只有拳脚进去打击对方的身体才有打击的效果。但功夫层的技法应用,是以一般层次的技法形成本能为基础的,可做到换劲不换招,去进攻和防守,给对手以超乎想象的打击。

2. 不同层次技击水平的三种境界

一是靠技巧打人。此时主要是比招法之高低。胜者都是技巧多、实战经验丰富和有几下绝招。双手拳脚相加、当对方败了、自己也就是在点上取胜。这些算是一般的习武者。

二是靠劲打人。此时主要是比劲道之大小。胜者都是身高马大、练习过硬功或硬气功,有相当的击打能力和抗击打能力,他们所使用的力大多是肢体力。

三是靠内功打人。此时主要是比内功之深浅。胜者都是双方一接触,就分胜负。此时的招法断手与连手巧妙地结合,招法的变化是根据对方的变化而变化,感知对方的变化而变化的,也就是随对方的变化而变化的,也就是说自己的一切变化都是由对方的变化而产生的。能到这种感知的水平,可应付对方的千变万化。这也就是"舍己从人"技更高之道理,以达到拳无拳,意无意,无拳无意是真意的高级境界。达到这种境界的人目前还极为少见。

3. 本能发挥体现应用技法的精深层级

真正地做到妙在本能,可提高你在实战中的反应、速度和力度。本能的应用可使你的武技得到充分的发挥,高级应用技法的方法是本能的发挥。妙在本能,怎样去发挥本能是技法提高的奥妙。

技法是练起有法,用起无法,法是在本能中的发挥。以形意拳讲,从有形到无形,无形有形是真形;从有意到无意,无意有意是真意,拳无拳,意无意,无意之中是真意。有形有意都是假,拳到无心方见奇。就大成拳讲,一法不立、无法不容,拳拳服膺为之拳。当一个人的技击能力达到一定水平之后,再想提高就非常困难,当能够恰好地掌握本能这一方法后,就跨越了一个新的高度,进入高级技击水平发挥的阶段。要知本能是无意中产生的,也就是说形与意都以形成本能、以本能用法为基础而逐步形成和做到的,故妙在本能。

4. 出手如无手、拳打人不知

出手如无手说明此时内劲已远远超过对方。出手如无手的意思,是指对方如无手,也就是说,你出手时,对手无法接招,所以有手也如同无手一样。

拳打人不知说明此时技击技巧的应用,已进入本能变换的高级阶段。此时出招来去变化,多使对手反应不过来,被击中了还不知所以然,也就是说把对手打了,对手还不知道怎么回事。得此技击变换奥妙的人极少,都掌握在内家三大拳掌门人和个别传人手中。

5. 本能打法和思维打法的不同

本能打法和思维打法是不同的。思维打法是指你脑海里还没彻底放弃你的攻防方法和技巧应用,还是一种有意的发挥。这种打法的反应,就比本能打法慢而不够灵活。本能的打法是技击中完全开攻防的方法和技巧应用,一切攻防的动作都是无法中有法,无意中有意地发挥。就好比当你不注意时,手碰到点燃的烟头,就会产生比平常快得多的瞬间动作。这就是无意的动作,本能的动作。

6. 练起有法、用起无法、妙在本能

练起有法是指练拳要有方法,如练时没有方法,用时就成乱打了,体现不出武术的技击技巧了。

用起无法是指用时不可想着方法,如用时想着方法,就会执着于方法,而影响到技击技巧的发挥。

妙在本能是指你的一切招法只有在本能状态下方可得到最佳的、极致的发挥。本能功夫好,在技击时看别人进攻的动作很快,也感觉不怎么快,且能反应过来,同时又能给以反击,使对手难以应对。

7. 本能的形成与招法和力量的关系

本能的形成是招法与力量发挥的基础条件。当你的某种力量形成

本能时, 在技击时一出手, 这种力量会自然地产生。招法也是一样, 当你的某种招法形成本能时, 在技击时一出手, 这种招法也会自然地产生。实际在武术的练习中, 有很多方面都要形成本能方可有效。有些人在打斗中忘了招法, 实际也就是他的招法没有练到形成本能。

8. 技击的最高境界——"一触即出"

技击的最高境界就是"一触即出"。这是高级武功的恰好发挥。一触即出不光是技巧的应用, 而是靠功力的发挥。一接触、一搭手, 对方往往会失去平衡或失去战斗能力, 或被弹飞出去, 或失去意识。这种神奇的劲道是具有高深武功的人, 瞬间爆发出来的浑圆一气之劲, 也就是浑圆劲。浑圆劲是微动的触间, 周身产生膨胀的劲涌于一点, 速度极快、威力巨大。当你具备此功力时, 与人较技就会显得更简单、更直接。此境界也说明你的武功达到集大成的境界。与此功夫人较技, 会使对方的技击技巧无法发挥, 一些连贯动作无法连贯。会使对方感到恐慌和不可思议。但得到此高深武功境界的人极少, 所以也很难有幸见识到。

9. 功夫与技击

任何一门武术, 它的训练目的都是为了技击。不讲技击的武术, 只能算是"武舞"。自古以来, 衡量武术水平高低的唯一标准只有技击。因此说武术中的各种训练方法都是紧紧围绕技击而创立的。而这些为技击精心创立的练习方法, 主要是怎样提高自身的武功。而这些功夫, 则是我国武术的精妙所在。所以说功夫是技击的基础, 当你有了一定的功夫, 举手投足都可击人而出, 你就成为一名真正的技击家了。

10. 绝妙技艺

神奇技艺是绝妙功夫地恰好发挥。绝妙技艺必须要有神奇的功夫。与敌手一接触即刻使敌手飞出; 或一个照面, 致使敌手失去意识, 这些技击效果是绝妙功夫和技法应用的结果。反之让你打, 你打不动, 缺少绝妙功夫和技击技法的良好发挥, 只能说你还处在一般武技的范围内。当然真正有功夫的人很少, 拥有绝妙武功技艺的更少, 掌握绝妙技艺是每个习武者梦寐以求的目标。

11. 传统拳术技击的弊端

一些传统拳术, 光注重手或注重腿, 便会形成对手脚组合的进攻反应差之现象。因这些拳平时缺少手脚组合的训练, 也造成实际技击中技术不全面的缺点。

12. 技击的综合发挥

技击是力量、速度、硬度、技巧、胆识、经验等综合的发挥。技巧、胆识、经验是为了更好地发挥你的力量和速度、硬度去打击对手。力量和速度、硬度是根本。功夫深, 力量自然大, 速度自然快, 硬度自然强, 胆气自然就足。

拳不打力, 不同技巧可以放在一起比比高低, 看看差距。而不同功力放在一起是不易相比的。因为功力相差大, 技巧就难发挥了, 又容易受伤。所以拳手比赛要化分量级。因级别不同, 力量是不同的。因此, 功力相同比技巧, 技巧相同比功力。没有力量、速度的招法也是空招。

技法如何恰好地发挥,直接受到力量速度的限制和影响。当你有超过对手的力量和速度,对手就难以拦截防守,双方接触时,力小的人就易失去平衡,这就是一力降十会的道理,这就是拳不打力的道理。如打人如挂画、手出人飞、击人如电击等等,这些都是对高级武功的写照。有超人之功力,就可随心所欲发挥你的技法。

手快打手慢,当你进攻速度快于对手时,对手就来不急避开和防守,这就是手快打手慢的道理。如出手不见手、见手不为手、拳打三节不见形、如见形影不为能等等,这些都是对出招速度奇快的形容。

当你进攻硬度超强的对手时,一接触,会让你受伤,而失去战斗力。反之,当对手进攻你时,你心里就有畏惧感,难以招架对手的拳脚重创。如出手像烧红的铁块,腿像铁棒一样,使人挨一下或受伤,一触人难以忍受,这些都是对功夫的认定。

13. 技巧好练,功夫难练

一般练武的时间多用在练功上,也就是说练武中练功要用掉大量的时间。练拳不练功到老一场空,也说明功夫的重要性。可惜多数练功人又很难学到真功夫,有的练了几十年或一辈子还是门外汉。最为可怕的是有些人,花了时间,下了苦功,还把自己给练伤了。

14. 武术技法的全面性

作为一名真正的习武者来讲,武术实战者,必须要求技术全面,这样方可成为真正的实战高手。技术全面主要包括:一是技击方法的全面掌握,如踢、打、摔、靠、拿。二是动作全面掌握,如手法、腿法、肘法、膝法等等。这样方可在实战中恰好地做出远踢、近打、贴身摔靠，不受技术的限制，充分发挥自己的拳脚。反之，长期光用手进行攻防对练，对手脚组合的进攻反应一定会差，或适应不了。一些传统的武术往往会形成重手不重腿，或重腿不重手之过极现象。而李小龙却成功地把传统的咏春拳手法和现代自由搏击腿法恰好地结合起来，形成自己技术全面的截拳道拳法。

15. 技击中的拳腿身法步

技击靠的是拳腿身法步的巧妙配合，而现在一些拳法和一些对抗赛事的打法，一般只注重手法，没有腿法；有的手脚并用又没有身法；有的手脚身法都有，却没有步法；打起来不够巧妙，不够灵活，快不起来。鸡腿龙身全然消失，这是普遍存在的现象。特别是身法和步法，一般拳家只会练，而不知如何恰好地发挥，这才是形成技法不全面的主要原因。

16. 练起有法、用起无法、妙在自发

练起有法是指练功要有方法，如练时没有方法，用时就形成乱打了，就体现不出来武术的技击技巧了。用起无法是指用时不可想着方法，如真正地打斗时想着方法，就会执着于方法，而影响到技击技法本来恰好的发挥。妙在自发是指你的一切招法，只有在本能的状态下，方可得到最佳的、至极的发挥。

17. 招法的误区

都讲高级的招法是无招无式，如流传有句话：拳本无法，有法也

空，一法不立，无法不容。这句话是指实战中的要求，是指实战中不要想着招法，而不是说练拳不要招法。武术之术，指的就是招法和技巧的应用。所以形意拳认为：从有形到无形，无形有形是真形；从有意到无意，无意有意是真意。简单地说，形成本能的招法，方可恰好地应用到实际的打斗中。如错误地理解为高级的技击本身就无招法，那就成了街头不懂武术的人乱打瞎打了，就进入无招无式的理解误区了。

18. 技击水平的不同层次

一般来讲，用技巧打斗的为初级阶段，用力量打斗为中级阶段，用功夫打斗的为高级阶段。用技巧打斗的表现在能多打到对方的次数上。用力量打斗的表现在有压倒性的优势。用功夫打斗的表现在一出手对方受不了，一出手就分出了胜负高低。这也是古语讲的拳不打力，力不打功的道理。用技巧打斗的形式主要表现在见招拆招方面，用力量打斗好比两个不同的量级拳手在比赛，如一个轻量级选手和一个重量级选手一起比赛，结果可想而知了。用功夫打斗好比一个用木头制造的车子和一个用钢铁制造的车子相撞，用木头制造的车子肯定一下子就撞坏了。

19. 不同习武人比武前的心理状态

每个习武之人在比武之前都会因自身的技艺水平和生理情况，而处于不同的心理状态。心理状态往往会影响到比武的成败。作为一个习武之人，拥有良好的心理素质有助于在比武中取胜。有几种人心理素质是比较好的：一是功夫高深的人，艺高人胆大，这样的人心理压力小或没有什么压力；二是打斗次数多的人，久经沙场，心理素质好，这样的人心理压力小或没有什么压力；三是知己知彼的人，知道对手的实力或对对手了解透彻，这样的人心里有准备，所以心理压力小或没有什么压力。

20. 中国武林传统的三种比武方式

一是文比。点到为止，我能打到你，你摸不着我，说明我技艺高；一接触我能让你飞出去，而不伤你，这是功夫之应用。

二是武比。你打我三拳，我再打你三拳，看谁抗击打内功好，出手重。

三是生死比。立下生死状，无规则，谁倒下，不能再打，谁就输。

21. 武术比赛最多是比三个回合的理由

比武讲究你来我往，中华武术的交手比武，以回合论输赢。一般相互打上了三个回合，就足以分出水平高低。三个回合不分胜负，说明两人水平差不多。比武，比的是技艺，不必要打得你死我活。一出手就分出高低，就能把对手打飞出去，才是功夫高之体现。打十几个回合去分胜负，那就不是比技艺、比武了，而是比体力、比拼命了。

22. 实战和比武心理压力大的原因

心理对实战会有一定的影响。一是碍于面子、怕失败的人，这样的人心理压力大。二是初次交手、没有经验的人，这样的人心理压力也大。三是遇到强大的对手、对自己取胜没有把握的人，这样的人心理压力大。当然还有其他一些影响心理的因素。想成为一个真正的技击家,除了具备超人的功夫外,还须经过无数次的实战验证,方可逐步成长起来,成为一名真正的武术家。

23. 一个真正的技击家所具备的条件

一是要有超人的功夫。超人的功夫是决定胜负的首要条件。

二是要通过很多次和不同门派高手切磋较技的验证。

三是要在比武中能够保持平常之心,这样方可看到自己和别人的长处与缺陷,方可在切磋和较技中不断地得到提高。

四是以追求高深的武艺为目的,与一个真正的技击家比武。比武交流只是为了验证和提高自己的武术境界,而不是追求名利为目的。这样遇到真正的高手对决,不光不会成为敌人,相反还会成为朋友。

24. 从老师身上学不到的最后一课——实战之经验

在习武中,老师的功夫和技巧都能学到,唯一难学到的是实际搏击中的经验。这必须亲身去体验,方可真正地掌握好技击之妙。所以说武术是一门重实践的搏击术。没有经历过实战的习武者,好比没有下过水的游泳者,是体会不到实际肉搏撞击的心理感受和身体感觉的。所以说,要想成为一位真正的技击家,必须在功夫和技巧都掌握的基础上,多经历与不同拳种和对手的实战,从真正实战的酸甜苦辣中不断地磨炼,最终方可成长为一名真正的实战技击家。

步骤之二　功架（拳法的基础）

功架是拳法的基础习练形意大成拳首先要练习功架要先找形，后找劲。

第一节　三体势（又称三才式）概述

形意大成拳属于内家拳，而内家拳则为气功拳，动作为气功态，练习时要符合气的运行状态动作的正确与否与内气修炼的效果密切相关。所以说练拳和练功先要把形练好。功架是劲的基础，要先整形、后找劲。

一、三体势释义

三体势，又称三才式。其中三体指膀、腰、腿；三才指天、人、地。三体势按照身体形态主要分低式、中式、高式。我们主要练中式。三体势分左势练和右势练，取自左右逢源之意。

三体势是练拳的主要功架，又有练内劲的作用，练好三体势是练好劈、钻、崩、炮、横等拳法的基础，习练者不可轻视。

练三体势的主要目的是为了练功架，使功架形成本能，这是练拳定架的基础。想把定架练好，定要在功架上下功夫才行。

二、三体势动作分解

练三体势的具体动作，前脚脚尖向前，后脚脚尖外展45度，两脚全部着地，后脚跟与前脚在一条直线上，两腿微屈，大腿斜向下，两膝微内扣，两脚距离一小腿长（或两脚半），重心略偏于后。重心略偏于后不可偏在后腿上，偏在后腿上，腿上太吃力。前臂伸直，肘微屈，五指微屈自然分开，指尖微扣后手靠小腹处，两手虎口撑圆手心微凹，前手指尖与眉高平，目视前方。

三、三体势动作要领

三体势一般多练中势，又为标准势。高势一般是养身的人练和年

龄大的人练。低势太吃力，又不易移动和起腿，一般练的人少。三体势既要沉实稳定，又要起动灵活。

三体式要领是含胸拨背，提肛悬顶，垂肩坠肘，裹臀坐胯，舌顶上颚，牙齿微扣，两膝相扣，前肘坠，后肘顶。

三体式身形要领是看正似斜、看斜似正、不俯不仰、不偏不斜、中正不偏，不可前栽后仰、左斜右歪。

三体势中心的确定，传统有四六开和三七开的中心比例。切记，这时人体中心是在两腿间后方，不是在后腿上。多数人往往把中心放在后腿上，站起来后腿很吃力。

三体式练功八字诀是顶、扣、垂、抱、弓、圆、挺、尖，这些都是桩功八字诀，也是桩功的要点。凡拳式站桩定要八字具备，解读如下：

1.三顶——头顶、手顶、舌顶，头往上顶顶要直，舌顶上颚调呼吸，手指外顶腕放松，三顶齐顶是真机。

2.三扣——脚面弓扣趾抓地，手面弓扣鹰爪利，两膝合扣，明了三扣多一力。

3.三垂——气沉丹田气之根，两肘下垂双肩沉，两膀垂坠往里夹，三垂齐垂诀窍真。

4.三抱——丹田气抱诀窍真，心意抱定聚精神，胳膊要抱有撑劲，三抱齐抱气贯身。

5.三弓——胳膊满弓似月牙，腿膝满弓似月牙，手腕满弓似月牙，三月拳式是真法。

6.三圆——胸脯要圆气下沉,脊背要圆似猴身,虎口要圆掌心空,三圆齐圆形式真。

7.三挺——挺腰竖项劲抖擞,腿膝要挺树生根,胳膊伸挺有舒劲,三挺齐挺力百钧。

8.三尖——出手总要看三尖,鼻尖、手尖与足尖,三尖相照,落步六合是真拳。

四、三体势桩功架练法

三体桩功是产生内劲的基础,既可增强内劲,又是练功架的方法,练好三体桩功则为习练上乘功夫奠定了基础。

意道——注意身体放松和动作要领,直至动作能够恰好地放松和使标准的动作形成本能,这主要是为了练功架。练功的姿势一定要正确,正所谓行正方能气顺,气顺方能以意行气。

五、三体桩练功方法

意道——意用于前手顶,好比顶点一个过来的球,后手下按,好比按住水里的球,并要注意身体放松,动作注意中正。

注意:以前形意拳的技击与养身就是练三体桩。

六、三体桩练功易犯的错误

习练三体势的过程中容易犯错误,需要注意按照正确练功动作姿势去练, 逐步去掉不当的动作姿势, 直到形成定形。三体势看似简单, 但自己练往往错而不知, 会在不知不觉中练错。最好是有老师帮助整理功架, 才不易练错。如前腿过屈, 中心前移, 身形不正和拙力、僵劲、努气、挺腹、撅臀、驼背、擅自改动、断章取义等等。

第二节　基本手法

一、五行拳

(一) 五行拳介绍

五行拳是以中国传统文化中的五行学说来命名的拳式。它实际上是劈拳、钻拳、崩拳、炮拳、横拳五种拳法, 对应人体的心、肝、脾、肺、肾, 对应五行的金、木、水、火、土。在形意大成拳中, 五行拳是五种进攻动作或手法, 是五种不同的发力方式, 五种不同的打击的方位招式。形意讲手圆, 出手中就离不开走圆, 圆中就有化劲之妙。这也是形意手精妙所在。

1.劈拳

劈拳属金, 是一气之起落, 在拳中即为劈, 所谓劈拳似斧, 有劈物之意。劈拳在腹内则属肺, 发劲与肺相合, 和肺气相随。劈拳有练肺养肺之妙，是治疗呼吸系统疾病的理想手段。按其五形循环之数，是土生金，故先练劈拳。

2.钻拳

钻拳属水，是一气之流形，在拳中即为钻，所谓钻拳似水，快如闪电，无孔不入。钻拳在腹内则属肾，发劲与肾相合，和肾气相通相随，有练肾健肾和补肾固精之妙。学者须知其拳不顺，真劲既不能长，拙劲亦不能化。

3.崩拳

崩拳属木，是一气之伸缩，在拳中即为崩，所谓崩拳似箭，两手往来、连珠似箭。崩拳在腹内则属肝，发劲与肝相合，和肝气相通相随，有顺肝理气、明目之用。此拳在中医临床上多用于治疗慢性肝炎，不适用于急性肝炎和慢性活动性肝炎，对多种眼病治疗效果均好。

4.炮拳

炮拳属火，是一气之开合，在拳中即为炮，所谓炮拳似炸弹，如炸弹忽然爆炸，其弹突出，其性最烈，其式最猛。炮拳在腹内属心，发劲与心相合和心气相通相随，有养心血、练心气、调理心脏等作用，练后有面色红润之现象。

5.横拳

横拳属土，打的是一气之团聚，在拳中即为横，所谓横拳不见横，见横不为横。横拳其形圆，其气顺，在腹内属脾，发劲与脾相合，和脾气相通相随，有练脾健脾之妙。横拳对脾肾阴虚、慢性胃炎等都有比较明显的疗效,初练者往往会感到肠鸣辘辘,此乃肠气通畅的征兆,是脾主肌肉的具体表现。

(二)五行拳的练法

练五行拳应长距离一趟一趟练,一个来回趟换一个动作效果最好,这是五行拳合理的练法之处。练五形拳的绝妙之处,也在于单练,虽是基础,但这是掌握好功架和练好劲路的最佳方法。单练可长距离一趟一趟练,这样效果最好。

1、劈拳的练法

劈拳为五拳之首,其形如斧,无坚不破。

王建平先生示范

第一、劈拳动作分解

(1) 由左式三体势开始，左手在前、指尖与眉平，右手在后、放在丹田前、离丹田一厘米左右。

(2) 左脚向前上步，上长约一脚左右，脚尖外撇45度，膝部微屈，中心移于前脚，后脚紧跟前脚，落在前脚后脚跟处，后脚跟微离地；同时出左钻拳经胸由下额处向前上方钻出，肘尖下垂，整个伸出左臂曲如弓，不可伸直，拳与口平。

(3) 钻拳出后，后脚上步，为上步跟步，同时出劈拳，又形成三体之姿势。

(4) 步法都用跟步，也就是前脚上、后脚跟。一是合步跟步，也就是前脚上步、后脚跟上。后脚与前脚跟似靠非靠。二是半步跟步，也就是前脚上半步、后脚跟半步。三是上步跟步，也就是后脚上一大步，后脚跟半步，形成三体势的步子要求。

第二、练劈拳的要领

上步时不可向上蹿起，应保持平行。劈拳向下劈，同时有向前的劲。

劈拳是五拳之首，在起落钻翻的锻炼上最为见效。有的人力大，但力却发不出来。这是劈拳打的少了，有的人劈拳打的很多、力量却很散，那是合劲没有掌握好。

第三、练劈拳易犯的错误

练拳上步时，易产生跳的现象。注意要保持平行上步。易犯打半边劲的习惯。

打劈拳时，不是打出下拍之劲，劈和拍是不同的。出手要走圆，走弧线，这样劲大，对方又不容易化解。

第四、练劈拳发力的要领

劈拳是向前向下打出，手臂不可过直或过弯，过直气易上浮，过弯无力，也就是打不出力。发力时手臂动作要整，不是光手臂向下拍。还要注意肘下沉，也就是坠肘，这样走出方沉稳有力。

劈拳是向前向下力，不是向上递，向下力手脚方打出合劲，向上就分力了。当然用时有向上用法。练劈拳首先要动作正确，方可把劲打好。

注意：五行拳发力易犯的错误，易像拳击那样打半边劲，打半边劲后肩自然会后拉，反之打整劲后肩自然不会后拉。

2、钻拳的练法

钻拳似水，快如闪电，无孔不入，变化多端。

王建平先生示范

第一、钻拳动作分解

钻拳的步法与劈拳的步法完全相同，有钻拳似电之比喻。

1、右钻拳。由左式三体势开始，左手掌下将握为拳，经腹前翻转，拳心向上，在经胸前由口前向上钻出，拳臂外旋，拳外拧，用意不用力；右手同时由掌变拳，拳心向上，经胸前由口前向上用劲钻出。左脚在左手钻拳的同时向前上垫步，脚尖外撇。

2、右脚向前迈一步，左脚随之跟进半步，重心落于左腿，同时右拳经胸部由口前顺左拳向上钻出，高与口平，左拳向内翻转，捋按回到腹前，掌心向下。

注意：左钻拳与右钻拳，拳式不同，但练法一样。

第二、练钻拳的要领

垫左脚和钻左拳要一致，钻右拳与进右步也要一致，需做到手、脚、力合一，也就是需做到手到脚到、整齐如一。

第三、练钻拳易犯的错误

钻拳不要打出勾拳之劲，勾拳是直劲，打出勾拳之劲就失去了化走螺旋之钻化之劲了。

第四、练钻拳发力的要领

钻拳似滚动中走直，练钻拳发力要注意旋转力和膨劲的发挥，钻拳有膨翻二劲，并有向前向上的劲。

3、崩拳的练法

王建平先生示范

崩拳如箭, 快似闪电。

崩拳是以左右拳轮换向前直打的, 出拳时要求身体保持完整, 步法以直向前、前脚上步、后脚跟上, 单一的形式, 落脚后重心在前腿。身法要求屈膝蹲身, 高矮一致。

第一、右崩拳动作分解

(1) 由左式三体势开始, 身体方向不变, 两手由掌变为拳握, 拳眼向上, 肘部微屈; 右拳顺着左手方向向前打出, 拳眼向上, 右拳回手停于腹前方稍偏右。

(2) 出右拳, 同时前脚上步, 后脚紧跟, 落于前脚后边、微靠前脚后跟处, 重心主要在前脚。

第二、练崩拳的要领

出拳要有挤压劲，练拳不可低头弯腰。要走小弧线，这样敌下压防守，有顺势而入之劲；如敌上挑，又有下压顺势而赶之劲；如侧拨又易滑掉。所以崩拳走小弧线作用很大。后手拳身体要领到位，这样方符合标准。

第三、练崩拳易犯的错误

崩拳不要错误地打成直拳之劲，不要走直线，身体要中正，后脚是虚，不可实，实中心反而不稳，上步反而慢。

第四、练崩拳发力的要领

崩拳劲不易打整，要注意找到步与拳之合劲。合劲找到方可打好整劲，劲整是崩拳的核心要义。要想打好崩拳，步要稳，不可成跳步，那样劲肯定打不好合劲，也打不出整劲。要知道明劲是劲道的基础，只有练好明劲，才能练好下边的暗劲。

4、炮拳的练法

王建平先生示范

炮拳是左右走斜线，步法有半步跟步、合步跟步、上步跟步等。手法两手握，出拳如炸弹，左右反复轮换，身体是半斜面，拗步式，拳式激烈圆活。

第一、右炮拳动作分解

（1）由左式三体势开始，左手回，同时右手前移，双手在胸前，呈按球状，向左腿方向挤按到腹前，双手握拳，拳心翻转向上。

（2）挤按同时左脚向前垫步（长约一脚左右），膝部微屈，重心移在左腿上。

（3）接着右脚向斜45度线上步。后脚跟步而上，同时右拳经胸前，由下向前上方化出，拳心斜向上方，并略向外翻，左拳在右拳化的同时打出, 拳眼向上, 拳与心平。

第二、练炮拳的要领

要做到两手合一, 一手化, 一手打出, 两手化与打动作要合为一, 身体要拧出去, 切不可直接上架, 肘要下坠, 不可翻起。

第三、练炮拳易犯的错误

炮拳为双手劲, 练化的同时打出的劲, 炮拳不要打成架打之劲, 而是化打之劲。练炮拳两手劲易不合, 两手劲不合就打不出合劲和整劲。所以两手合一很关键。

第四、练炮拳发力的要领

炮拳发炸劲, 如火药爆炸, 两手劲要合一, 打出的劲方整。发炮拳拧腰时, 跨不可跟着跑而变形。跨一变形, 步下必然不稳, 步下不稳必然影响发力之效果。所以要注意跨步不可随腰移动。

5、横拳的练法

王建平先生示范

横拳是斜线向前进的。"横拳不见横,见横不为横"是指拳不是横扫,而是向横的方向冲出,拳心向上,方有横劲。拳打出既要有向前的冲劲,又要有向横拨的力量。

第一、横拳动作分解

(1)由左式三体势开始,两掌变拳握好,然后出左腿的同时右拳由下向上,由左向右走圆,落于脾平。

(2)随之右脚向右前方斜45度方向,上一大步,后脚随着跟半步,同时左拳由下向上贴着右前臂向前方向冲出,并要有横拨的力量。

第二、练横拳的要领

两手要有拧转的劲,也就是左手有外旋的劲,同时右手要有内旋的劲,这样方可打出拧转的横劲。横拳要找准打出的方位,找不准打出的方位,横拳易打走形和变味。横拳是指拳向横的方向打出,实际拳是直的线路螺旋向前打出的,不是横扫出去的,这就是起横不见横、见横不为横的道理。

第三、练横拳易犯的错误

练横拳最易犯的错误,是横拳变为横扫拳,要知横拳不见横,横是指向横的方向打出,是拳正面为接触点,不是拳侧面接触,不是横扫,横拳不要打成摆拳。那样就失去横拳螺旋拧转的劲了,横拳有外拨旋转向横的方向打劲。形意讲手圆,出手中就有化劲。

第四、练横发力的要领

横拳似滚动中走横,走劲圆滑,横拳中有挣劲和裹劲。打横拳找到出手与回手拧错劲,横拳会打得愈来愈顺、愈来愈上劲。

二、肘法

肘法在搏击中,主要用于近距离进攻,或在手法的变换中应用。其特点是力大、伤害性强、进攻突然、敌不易破解。如击中面部,可使敌当场昏迷。

肘法主要有顶肘、横肘、后击肘。

(一) 顶肘

顶肘,又称挑肘,从下往上打,打击敌的前胸、下巴。

(二) 横肘

横肘,又称平肘,从左向右或从右向左,打击对手双肘或脸、耳、太阳穴部位。

(三)后击肘

后击肘多打击从后面前攻的敌方,打击对手心窝、耳、太阳穴部位。

三、虎形

手法分为虎扑、虎托、虎撞钟。

(一)虎扑练法

王建平先生示范

虎扑练的是双手同时向前向下打击的劲,似如猛虎下山,势不可挡,双手劲打击力大,杀伤性强。一般不直接用,而是在得到机会时发出。

(一) 虎扑动作分解

(1) 由左式三体势开始, 前手回, 后手进, 两手在胸前落于丹田, 同时上步合步, 在由丹田至胸向右前方斜 45 度方向扑出, 落于胸前方高度, 两手劲要合一。

(2) 随之右脚向右前方斜 45 度方向上步跟步。两手与前脚动作要合一。

(二) 虎托的练法

王建平先生示范

虎托练的是双手同时向前向上打击的劲, 双手劲合一, 打人内脏, 此法打人、人极易受内伤, 用时要慎重!

虎托动作分解:

由左式三体势开始,前手回,后手进,两手在胸前落于丹田,同时上步合步,在由丹田至胸向右前方斜 45 度方向托出,落于胸前方下处位置,两手劲要合一。

(三)虎撞钟的练法

王建平先生示范

虎撞钟练的是双手劲合一,同时向前方打击的劲,此劲打人打击力大,别人又难以化解。此劲又是练双手剑的基础。

虎撞钟动作分解:

由左式三体势开始,前手回,后手进。两手在胸前落于丹田,同时上步合步,在由丹田至胸向右前方斜 45 度方向撞出,落于胸前方心窝处,两手劲要合。

四、其他外加手法

形意大成拳还有其他一些技击手法，即踏掌、摆掌、栽拳。

(一) 踏掌的练法

王建平先生示范

踏掌是单手从上向前向下的掌法，多打击敌的下处，此手法刁而变化快，打人往往反应不过来。

踏掌站式单练动作分解为由高左式三体势开始，前手掌向前向下踏出，大手指向上与腰间平。

(二) 摆掌的练法

王建平先生示范

摆掌是从侧面突然袭击对手的有力拳法,有时配合其他拳法的假动作,用得非常巧妙,敌不易反应过来。

摆掌站式单练动作分解:

(1) 由高左式三体势开始,前手向前成弧形路线从外向内移动,掌落于脖子高度前方,指尖向前,手心向下。

(2) 原地上徒手练习,体会动作要领,在基本掌握动作方法的基础上,再练发力。

(三) 栽拳的练法

王建平先生示范

栽拳是从上向下旋转化打而出的拳，多配合连手用，敌比较难以化解。栽拳主要打击敌人的颈部和头部。

栽拳站式单练动作分解为由左式三体势开始，前手由掌变拳，由上而下，向内向前翻转打出，落于腰前方的高度。在原地上徒手练习，体会动作要领；在基本掌握动作方法的基础上，再练发力。

五、手法的防守（小五手）

小五手手法主要是防守方法。小五手的防守动作分为抢、化、交叉手、阻击手、身步打这五种方法。其方法动作讲究直接全面，有实用性强的特点。

（一）抢——抢指抢时间差，是对时间差相互交错瞬间的掌握和应用，在进攻、防守、防守反击的每一个过程中都特别重要。抢要抓住的时机，是对方动作旧力已过、新力未发之时；向对方露出的空档进行反击。在进攻、防守或防守反击中，多配合步法和身法之应用。

（二）化——化的方法主要是利用圆的转动，化掉打来的劲，是圆走化的合理应用。要明确走圆之理，主要通过推手来练习。既有大圆、小圆、内圆走圆，也就是走圈，也称画圈，圈又分大圈、小圈、无形圈等。

（三）交叉手——交叉手是一种相当有效的防守动作，使防守不易失误，简单、直接、有效。一般是左手防左边手，右手防右边手。

（四）阻击手——交叉手是阻击之基础，阻击手最绝妙之处是在防守的同时巧妙地进攻反击对方防守反击是防守技术与进攻技术的组合。

（五）身步打——应用身法和步法的快速准确地移动，在避开对手进攻的同时，重重的反击对方。这属于在一的节拍中防守反击，敌往往难以反应。快速的左右躲闪移动，需要有一定身法和步法功夫。

六、挤与挂——攻防皆备的手法动作

攻防皆备的手法动作，也就是说此动作既属于进攻的动作，又属于防守的动作多配合其他动作的组合应用。

（一）挤

1．单手挤（如图所示）

王建平先生示范

2．双手挤（如图所示）

王建平先生示范

此动作可在手连手时用,也可顺敌劲,即借敌劲用,使敌失去优势或中心,趁此机会而攻之。挤的动作的运用要得机得势。

(二)挂

王建平先生示范

2.双手挂(如图所示)

此动作可在手连手时用,也可顺敌劲,即借敌劲用,使对方失去优势或重心,趁此机会而攻之。挤的动作运用要得机得势。挂得猛也可使敌失去战斗力和意识。

第三节　身法

身法的基本动作:

习练武术极为讲究练武者的手眼身法步,身法是拳术中的一个重要组成部分。简单地说，身法就是指身体运动的幅度。基本身法是指"身"的吞吐、沉浮、偏闪、拧转的幅度。身法的应用要有速度、力度、节奏和技法的综合配合。身法的主要动作用有吞吐、沉浮、偏闪,包括上下、左右、前后的变化。这样可在实际搏击中得到恰好地应用,可使招法变化诡异,使敌防不胜防。

(1) 吞——吞是指身体向前移动,但不可前俯,身体要中正移动,这样方有利于保持重心和快速地移动,并有利于发力。

(2) 吐——吐与吞相反,指身体向后移动,但不可前俯,身体要中正移动,这样方有利于保持中心和快速地移动,并有利于发力。

(3)沉——沉指身体向下移动,多与腿站起和下蹲相配合一致。快速地下沉可以巧妙地避开敌人的进攻,同时又能出其不意地反击对手。

(4)浮——浮与沉相反,指身体突然向上移动,多与腿站起和下蹲相配合一致。快速地上浮,可出其不意攻击敌人的头部等要害部位,给敌以毁灭性打击。

(5)闪身——闪身也是一种方法,先预备式站好,保持身体的稳健,靠身法带动步法左闪右闪。

身法的训练方法可通过对手进攻练习、自己应用躲闪来防守。用这种实效的训练方法来训练身法,可得到较好的效果。

第四节 定架、活架、变架的练法

形意大成拳无固定套路及招法,动作主要分定架、活架、变架和技法四个方面组成。练起来可随心所欲,能更好地发挥和展现你的力度、速度和技巧,更具观赏性,且能更好地发挥潜能。

一、定架练法

定架是活架的基础。定架主要是劈、钻、崩、炮、横和虎扑、虎托、虎撞钟等单体动作。一般先从三体势桩功开始,等三体势站成形后,再练劈、钻、崩、炮、横和虎扑、虎托、虎撞钟之动作。

定架主要有两个过程,一是练形,二是练劲。等形练符合要求、功架定形不变形成本能时,再练劲。练劲主要是练合劲,也就是手脚之合、肘膝之合、肩跨之合,又称为"外三合"。

二、活架练法

活架是变架的基础。活架是指自由穿插定架,包括腿法,不含技击性。练到动作自然而然穿插、随心所欲地运动,形成本能即可。练习活架,关键看习练者的熟练程度。必须练到不用考虑就可随意变换、快慢自如。不同动作可自然而然地组合。

三、变架练法

变架是技法的基础,变架动作含有技击性,通过意用于假借的攻防练习,来练习攻防的技巧。比如劈拳打出时,让对手架住,如何变化;敌劈拳打出时又如何应对。这也只是变化的方法之一。

变架是由一个个技击技巧组合而成。一个个攻防技击的动作,一是靠学,二是靠悟,也就是根据攻防的需要,去找技击的动作,去变换技击的动作。

变架的动作变换包括手、脚、肘、膝、肩、跨步等运动和变换,依托动作变化来练习攻防技巧。所以变架不仅仅是手法变换。

第五节　眼法基本功与用法

古语讲:"眼观六路, 耳听八方", 眼法在手眼身法步五个方面中占主要的地位。眼尖方可手快, 眼看得到方可打得着。在技击中, 如何掌握好眼法的应用, 会直接影响到技击的效果, 所以练好和掌握眼法很重要。

一、眼法基本功练法

(一) 转动练法——来回望四角方向, 练眼的灵活性。

(二) 定住看远处一个目标。看刚升起的太阳最好, 练眼力。

(三) 别人假打你眼, 眼不眨, 看着对手, 练打斗眼的习惯性。

(四) 技击桩假借技击的练法, 可练眼神之凶狠和眼之毒, 也就是眼神产生的威胁力, 常言讲: 出手心要狠, 眼要毒。

二、眼法实战应用的方法

(一) 看跨判断法。看准一点, 可及时准确地判断出敌方手法。看跨判断法——看准对方的跨步, 以跨步为中心, 上下扩张观望, 来观察对手的手脚变化。有人配合对练反应最好。

(二) 望胸法。望胸法是在不用脚的前提下应用眼法的方法。望胸判断法要看准对方胸部的中心, 从而观察对手的拳法的变化。

步骤之三　　腿功（拳法之一绝）

　　形意大成拳形成了独特的腿上练功方法和腿法的技击技巧,这是形意大成拳拳法之一绝。出腿分明腿暗腿之别,手腿并用,上三路下三路无不照顾到,既能攻防兼备,也能出敌制胜,是为上乘功夫。

第一节　　腿法概述

王建平先生示范

形意大成拳的腿法之所以为一绝，因它有不同于一般腿法的巧妙用法和独特的练功方法，讲究动作不多而简单，注重腿功修炼，故有一整套独特的腿法练功方法和技击技巧。

此腿在用法上，出腿不放胯，这样适合内功用力、易变化和连续踢出，能恰好地手脚并用；在功法上有扎根、定根、控腿、含劲、硬度、腿功的内劲应用。

形意大成拳主要有五种进攻腿法：踢、蹬、踹、踩、抹。这五种进攻腿法，简单实用，动作不多，变化无穷，注重劲道。

当腿功内劲上身时，会形成强大的力量，产生超强的硬度。一接触对方的腿时，对方的腿会直接骨折或断裂。使对方疼痛难忍，从而失去战斗的能力。

形意大成拳的腿法特点有：

一是低腿为主，很少用高腿；

二是分明腿和暗腿的不同用法；

三是常会手脚并用；

四是腿上功夫独特；

五是收胯出腿，很少放胯出腿。这样有利于速度、发力和变化；

六是快速多变的腿法和步法的恰好配合，所以用腿，步下功夫很关键。

第二节　腿法的基本功练法

腿法讲"只溜不压不中用,只压不溜笨如牛",意思是说压腿和踢腿是一体的,不能只压不踢,只压不踢会出腿无力;反之只踢不压,腿又会显得很笨。所以在练习腿功时应先压好腿,再配合把腿踢好,这样腿法才会灵活有力。

(一) 腿部柔软性练习

腿部柔软性练习分为:正压腿、侧压腿、横压腿、后压腿。

低压方法又分为:低压腿、中压腿、高压腿和耗腿、踢腿等等。

(二) 基本功踢腿方法

基本功踢腿的掌握有利于拉伸腿部韧带,从而更好地掌握和发挥实战的腿法。基本功踢腿主要分为正踢腿、迎面腿、扫踢腿、勾踢腿和反踢腿等。

第三节　基本腿法

一、五种进攻腿法介绍

五种腿法包括踢、蹬、踹、踩、抹。五种腿法包含着攻击不同的方位、使用不同的发力方法,使腿法得到全面性的应用。

（一）踢

踢主要分正踢、迎面踢、扫踢、勾踢、反踢等五种踢法。踢是由中线起腿、由下向前和向上踢出的腿法。

1.正踢

王建平先生示范

（1）左正踢

动作要领：由实战预备势开始，身体重心移向右腿，右腿微屈支撑；身体为 45 度式，左腿屈膝抬起，小腿由下向前向上踢出，力达脚前掌，踢向敌裆部和腹部。

动作要领：不后仰，不放胯，要注意坐胯。

（2）右正踢

动作要领: 身体左转180度, 左脚尖外摆, 重心移至左腿, 左腿微屈支撑; 同时右腿提膝抬起, 小腿由下向前向上踢出, 力达脚前掌, 踢向敌裆部和腹部。

2.迎面踢

王建平先生示范

迎面踢是由中线起腿、由下向前向上走弧线踢蹬的腿法, 其特点攻中有防、防中有攻。

(1) 左迎面踢

动作要领: 由实战预备势开始, 身体重心移向右腿, 右腿微屈支撑; 身体为45度式, 左腿直接出脚, 由下向前向上走弧线踢蹬敌方的跨腹部, 力达脚前掌和脚后跟。

(2) 右迎面踢

动作要领: 身体左转 180 度, 左脚尖外摆, 重心移至左腿, 左腿微屈支撑; 同时右腿直接出脚, 由下向前向上走弧线踢蹬敌的跨腹部, 力达脚前掌和脚后跟。

3.扫踢

王建平先生示范

扫踢是由左向右或由右向左扫击的腿法。

(1) 左扫踢

动作要领: 由实战预备势开始, 身体重心移向右腿, 右腿微屈支撑; 身体为 45 度式, 左腿提膝翻胯, 由左向右扫出。力在小腿胫部, 扫向敌方的小腿、软肋和头部。

(2) 右扫踢

动作要领: 身体左转 90 度, 重心移至左腿; 同时右腿以大腿带动小腿，提膝翻胯，由右向左扫出。力在小腿至小腿胫部，扫向敌方的小腿、软肋和头部。

4.勾踢

王建平先生示范

由实战预备势开始，身体重勾踢主要踢敌裆部和腹部，这是传统踢法。比赛时禁止踢裆，这是武德问题，习练者必须注意。

(1) 左勾踢

动作要领：重心移向右腿，右腿微屈支撑；身体为 45 度式，左腿提膝发腿，向右侧踢去，力达脚尖，踢向敌裆部和腹部。

(2) 右勾踢

动作要领：身体左转 90 度，重心移至左腿；同时右腿提膝发腿，向左侧踢去，力达脚尖，踢向敌裆部和腹部

5.反踢

王建平先生示范

(1) 左反踢

动作要领:反踢主要踢敌裆部和肾部,为传统踢法,比赛时禁止踢裆。

由实战预备势开始,身体重心移向右腿,右腿微屈支撑;身体为45度式,左腿提膝发腿,由右向左反踢,力达脚尖,踢向敌裆部和腹部。

(2) 右反踢

动作要领:身体左转180度,重心移至左腿;同时右腿提膝发腿,由左向右反踢,力达脚尖,踢向敌裆部和腹部。

（二）蹬

主要指正蹬腿，主要配合提膝时出腿应用。

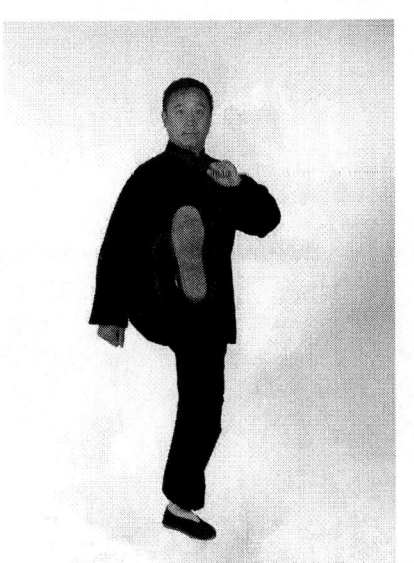

王建平先生示范

1.正蹬。

正蹬是由下向上向前蹬出。

2.左蹬。

动作要领：由实战预备势开始，身体重心移向右腿，右腿微屈支撑；身体为45度式，左腿屈膝提起，由下向上向前蹬出。力达后脚掌，蹬向敌的前胸或面部。注意身体尽量不要后倾。

3.右蹬。

动作要领：身体左转180度，左脚尖外摆，重心移至左腿，左腿微

屈支撑;同时右腿屈膝提起,由下向上向前蹬出。力达后脚掌,蹬向敌的前胸或面部。注意身体尽量不要后倾。

(三)踹

踹主要有正踹、侧踹、反踹这三种踹法,区别在于发力方向不同、打击位置不同。

1.正踹

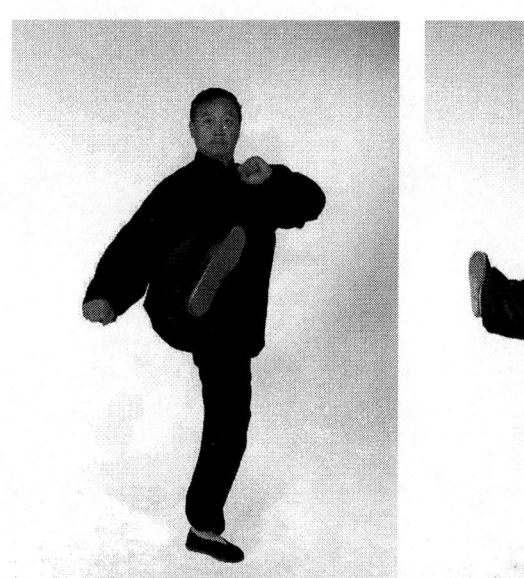

王建平先生演示范

正踹分高中低踹法。

(1)左正踹

动作要领:由实战预备势开始,身体重心移向右腿,右腿微屈支撑;身体为45度式,左腿屈膝抬起,向前踹出,力达脚外侧,上体不要后倾。

(2) 右正踹

动作要领：身体左转 180 度，左脚尖外摆，重心移至左腿，身体为 45 度式，左腿微屈支撑；同时右腿屈膝，大腿内收，向前踹出，力达脚侧面。

2.侧踹

王建平先生示范

(1) 左侧踹

动作要领：由实战预备势开始，身体重心移向右腿，右腿微屈支撑；身体为侧式，左腿屈膝抬起翻胯，小腿同时外翻，脚尖勾起，由屈到伸展、挺膝向前踹出，力达脚外侧，为提膝翻胯踹出，身体尽量不要侧倾。

注意习练时容易犯的错误：身体易后仰、收腹、撅臀、侧倾，上体与腿不能成一条直线上。纠正时，手扶肋木或其他支撑物，一腿抬起，脚不落地。要严格按动作要求，由慢到快反复练习踹腿。练习之初，踹腿的高度可适当低些，以后逐渐提高高度。

(2) 右侧踹

动作要领：身体左转 180 度，左脚尖外摆，重心移至左腿，左腿微屈支撑；同时右腿屈膝，大腿内收，脚尖勾起，脚侧面正对攻击目标，随后由屈到伸向前踹出，力达脚侧面，上体尽量不要侧倾。

(3) 反踹，主要是低踹法

王建平先生示范

左反踹动作要领：由实战预备势开始，身体重心移向右腿，右腿微屈支撑；身体为 45 度式，左腿屈膝抬起，脚尖外翻对着外侧，由上向下向前踹出，力达脚底。注意身体不要后倾。

右反踹动作要领：身体左转 180 度，身体为 45 度式，左脚尖外摆，重心移至左腿，左腿微屈支撑；同时右腿屈膝，大腿内收，脚尖外翻对着外侧，由上向下向前踹出，力达脚底。注意身体不要后倾。

（四）踩

踩法主要是配合上用、提膝落步时用，其腿法动作小、隐蔽性强，使敌不易察觉而被击中。

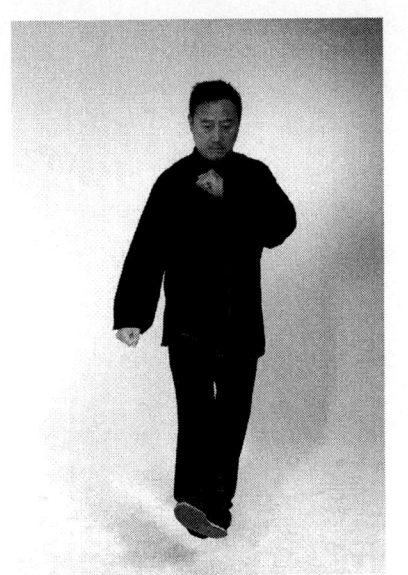

王建平先生示范

踩法是指从敌的小腿部由上向前、向下踩至敌脚面。踩在内家拳中用的较多。形意拳经云"脚打七分手打三，脚打踩意不落空，手到脚到方为真。"

1.左踩

动作要领: 由实战预备势开始,身体重心移向右腿,右腿微屈支撑; 身体为45度式,左腿屈膝抬起翻胯,小腿抬起,力达脚掌,由上向前、向下,向敌的小腿踩至敌的脚面,身体要中正,下踩同时有落步之用。

2.右踩

动作要领: 身体左转180度,左脚尖外摆,重心移至左腿,左腿微屈支撑;同时右腿抬起,力达脚掌,由上向前、向下,向敌的小胸踩至敌的脚面。身体要中正,下踩同时有落步之用。

(五)抹

抹主要是配合踢的腿法,形成踢抹连环。直接用抹的运用不多。

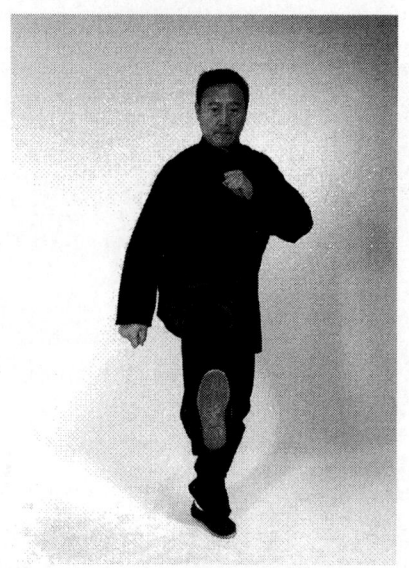

抹是指从敌的胸或前腿由上向前、向下抹。

1.左抹

动作要领：由实战预备势开始，身体重心移向右腿，右腿微屈支撑；身体为 45 度式，左腿提起，脚伸到敌胸或腿的高度，由上向前、向下抹，力达脚前掌，身体要中正。

2.右抹

动作要领：身体左转 180 度，左脚尖外摆，重心移至左腿，左腿微屈支撑；同时左腿提起，脚伸到敌胸或腿的高度，由上向前、向下抹，力达脚前掌，身体要中正。

（六）外加腿法：撩

撩在实战对搏中无论远距离或近距离均可出腿踢击对手，主要攻击对手的裆部。后撩腿发腿多是在处于转身、后背朝着对手时发出的，具有突然性和隐蔽性的特点。

后撩腿动作要领：由实战预备势开始，转身用前脚悬空向后撩起，重心放在另一条腿上，膝盖不能弯曲，高度要慢慢来。后撩起的同时，身体向后仰，最好是自己的脚刚好可以打到自己的头部，这样就是后撩腿。

第四节　膝法

膝法在搏击中主要用于近距离进攻，或在腿法的变换中配合应用。其特点是动作简练，短触力大，快似疾风，攻势凌厉，伤害性强，进攻突然，敌不易破解。

打斗中讲"远用拳脚，近用肘膝"，膝和脚为腿法中两大进攻武器。膝法宜近身撞击，脚法宜中远距离攻击，膝法和脚法可组合成诸多连环腿法,发出变换快速、杀伤性大的招法。

膝法主要指顶膝、横膝。

一、顶膝。顶膝是从下往上打,多打击敌的裆部、小腹或前胸。膝顶重顶心口、肝区的话 , 可使敌重伤、马上失去战斗能力。

二、横膝。横膝是从左向右或从右向左,多打击对手双肘或腰部。横膝重击肋部,可使敌肋骨断裂和岔气,从而失去战斗能力。

第五节　腿法的根劲练法

习练腿法的根劲一般采取独立桩练法。

独立桩是一个高强度练习腿下功夫的桩法,也是腿功中修炼的独特功法,主要是修炼单腿站立的稳定性和根力。只有站立得稳而有根,发出的腿方可变化自如而有力。独立桩讲究放松和言力。

(一)形的练法

意道——金鸡独立势站好,并要注意动作的放松和如何做好正确的调整。

(二)功的练法

1.意道——金鸡独立势站好,意用于站立之脚,注意放松。放松中自然会去拙劲、用内力,得到不言力而言力之效果。

2.气道——讲自然呼吸。

3.动作分解——单腿站立,身体中正,一腿抬起,大腿在平的高度,前手在前,高于肩膀,后手在后略低于肩膀,手指自然撑开,两手有开合之劲。

(三)扎根练法

金鸡独立势随意站好,抬起的腿下落上步时,意用于入地三尺,也就是有入地三尺之意。移动时动作要慢,不宜快,然后再将另一腿抬起,两腿来回换着练习。

以上主要是练腿部的根力和平衡能力。

(四)定根练法

金鸡独立势随意站好,抬起的腿猛然上步,上步越大越好,落脚要求稳而不晃,然后在另一腿上步,一脚落地,一脚抬起,两腿来回换着练习。上步子大有利于练定根之效果。

第六节　腿法含劲的练法

含劲练法有控腿和挡腿、挂腿。腿部的含劲大,可提高练者腿法的变换能力,可使练者出腿灵活多变,可踢出连环有效的打击腿法,也就是可踢出快速有效的连环腿法。含劲大还可有效地发挥挡腿和挂腿的作用,提高腿防腿的能力。

一、控腿练法

摆好站立的姿势,一腿站立,一腿抬往最高处,停止不动,能支撑时间越长越好,时间越长越能练控腿的能力,也越能练腿部的含劲。

控腿练习的目标是先将你的腿韧带拉开,逐步柔韧,练控腿方容易含得住。控腿练习一可练根力,二可练含劲,三可练连环出腿和变换的能力。

二、挡腿的练法

摆好站立的姿势，一腿站立，一腿抬起，用抬起腿的膝部向里挡，再向外挡，这样来回地挡，累了、站不稳了，可再换个姿势练另一条腿。通过这样来回练习，来练腿的根力和含劲。同时挡也是一种防腿的方法。

三、挂腿的练法

摆好站立的姿势，一腿站立，一腿抬起，用脚腕处向左挂，再向右挂，这样来回地挂。腿挂东西，累了、站不稳了，可换个姿势练另一条腿。开始空练，后可挂吊起重物来练习，通过这样来回练习，来练腿的根力和含劲。同时挂也是一种防腿的方法。

第七节　腿法的硬度练法

腿硬度在实战中起着重要的作用，如练者硬度强，对手一接触就易受不了或受伤，从而失去战斗力。在实战中，练者就可直接踢断对手的手臂和肋骨等，使对手望而生畏、不敢招架。

一、靠练内功

腿部内功主要是练腿上的内劲，内劲足、内劲大，腿的硬度就自然会强，特别是内整劲，硬度极强。再加上外练的结合，就会练出超强的腿上功夫。

二、靠外练

如用排打方法、用腿去踢沙袋来增加硬度。

排打和踢沙袋的作用，一是练腿的硬度，二是练腿的承受力，三是练腿内力的发挥。

第八节　发腿方法

发腿时要注意，不可后仰，不可放胯，要坐胯。要掌握好身体中心，这样移动快、出腿有力，与手配合方快。因在练拳中缺少下蹲的练习动作，可加上一些下蹲和蛙跳的辅助练习，来增强膝关节的力量。

下面介绍几种发腿的方法：

一、合胯起腿

合胯起腿为内家拳的起腿方法，其特点为起腿轻快而稳，是一种巧妙的起腿方法。

二、直接起腿

直接起腿是指出腿不用提膝再发腿，这样出腿的优点是速度快，一般用于抢腿进攻。

三、提膝起腿

提膝起腿，可在起腿的同时保护自己的裆部，又可起到快速多变的作用，一般用于腿法的间打进攻。要知道实用方法的不同，起腿的方法也是不同的。

四、中线起腿

进攻开始应多用中线腿法，如：迎面踢、直踢、正蹬、正踹，因这些腿法直接而快速，又可在进攻的同时守住自己的中线，在进攻的同时保护自己。

第九节　腿法发力方法

要想发出腿上的力量，掌握一种方法是不行的，要掌握通过多种发力的方法，方可形成和发出超强的腿部力量。所以说腿部发力，也不是如此的简单，是要有一整套合理的腿上功法。腿法发力方法具有云门腿法和内家腿法的特点和精髓。

一、踢出腿发力

各种腿法都可用踢出的腿发力。一般人都是用踢的腿发力，这是最直接最基本的腿部发力方式，它可作为其他腿部发力的基础。还可通过沙袋来找力，以增加力度提高距离感。但不可用腿打击墙或木桩，因墙或木桩没有让劲，会产生反作用力，震伤练者的肾脏和关节等部位。

二、站立腿发力

站立的腿发力,也属根部发力的方法,这种发力比前腿发力要大得多。主要用于正面的腿法,如迎面踢、正踢、正蹬、正端等。站立的腿发力,根力好,能踢出更大的力量。

三、腹部发力

腹部发力,也是主要用于正面的腿法,如迎面踢、正踢、正蹬、正端等。腹部发力比较容易掌握,而且踢起来速度快,动作利落。

四、胯部发力

胯部可发出强大的力,胯部发力可通过不断练习来切实地掌握。胯部发力的特点是动作整而脆,冲击力大。胯部发力主要用于侧踹腿法。练习胯部腿的发力,要多注意步下的根劲和对平衡的掌握。

五、腰部发力

腰部腿部发力,是以腰部带动腿部发力的方法,主要发带旋转的腿法,如反踢、勾踢、扫踢等。在练习中多注意腰腿的协调发挥,练到腰腿习调一致,方可充分发挥出以腰带腿的力量。

六、内整劲发力

腿上内功的劲称为内整劲,是腿部功夫的高级阶段。此劲不光劲道强大,而且特硬,并有弹性,接触时会让练者感受到就像被铁棒砸一样,入骨之痛,刻骨铭心。

腿功的劲道——主要通过明劲、暗劲、化劲练。以明劲为基础,通过暗劲的气化,从无力到有力,再通过化劲的修炼得到超强的内整力。

腿上的内功产生的劲,可使练者感到意想不到的轻快灵活。内功可使练者练起来越练越有劲,越练速度越快。此腿功可使练者在实战中得心应手,简单一腿会使对手难以招架而遭重创。注意有一些内功之劲,不能用于腿部发力。

第十节 腿法速度练习

腿法的速度练习比手法要难得多,因为腿部本身就比手部笨重,要想练好腿法的速度,就需要练习者付出更多的汗水和更艰苦的训练。越是能经得起此磨炼,成就就会越大,直练到出腿像出手一样飞快自如。

一、空踢

空踢要多踢,把腿踢顺,出腿像举手一样自如。空踢简单有效,贵在坚持刻苦的训练。空踢分定步踢和活步踢,也可通过别人拿脚靶让你踢,这样的训练可提高速度,练者不会感到单调,从而延长踢腿的时间。同时提高练者的距离感和时间差,提高打击的准确性。

二、腿法连踢练习

一只脚踢腿，但是不要收回来落地，坚持悬空,直到坚持不住;每天坚持，时间要不断增加,这样练连环出腿和控腿能力,同时练腿的速度和力量,从而大大提高腿法在实战中的发挥水平。

三、内劲的应用

如果内整劲练到妙处,武功的整体提高会自然而然地产生,可以达到超快出腿之速度,同时出腿灵活多变,这也是内功作用之奥妙。

四、快速出腿辅助练习

快速高抬腿练习,有利于练腿的速度,从而快速地出腿。

跳绳是一项在环摆的绳索中做各种跳跃动作的运动,对提高出腿的协调性、灵活性、速度都有相当大的帮助。

注意:在实战中腿法的应用与步下快速的移动很重要。

第十一节　腿法攻防方法

一、腿法进攻的方法

抢:指凭速度快速打击对手。抢可借助自己的速度,可直接有效地打击对手。古言说:"手快打手慢",就说明速度的重要性。快速的高频率进攻可使敌的防守失去作用。快速的出手和移动，还可以轻易地化解对手的进攻。

抢又分直接抢和移位抢：直接抢主要凭速度频率快，以攻为守，直接进攻对方，使对手被击中或处于被动的状态之中；移位抢是从对手的侧面直接进攻，使对手措手不及。通过抢能够达到直接有效的打击效果。

二、防腿方法

（一）步防腿的方法：

1. 挤法

抄挤　　　　　　　　　　压挤
关淮文（白）　董洪之（黑）示范

腿怕挤，一挤可扰乱进攻的对手打击的距离，从而无法进攻，可极其有效地打击对手。注意上步挤的同时，要配合手，边防腿边挤。

(二) 手法防腿的主要方法:

1.拦

横拦　　　　　　　　　　　上拦

关淮文（白）　董洪之（黑）示范

拦是用手背由内向外拨开敌的进攻,是一种简单、直接、有效的防腿方法,但要习惯用手背内外肌肉处,不要用手背侧面,那样对方腿骨粗而力大,练者极易受伤。

拦分上拦下拦、左拦右拦和横拦。

2.抄

上抄　　　　　　　　　　　　横抄

关淮文（白）　董洪之（黑）示范

　　抄是用手由外向内或由内向外，由下而上去抄对方腿的方法，使对方失去平衡或被摔出。有时抄腿时，可配合另手下压。

3.压

挤压   抄压

关淮文(白) 董洪之(黑)示范

压是用手由上而下压住对方腿的方法,使对方的腿难以发出。压多配合挤之应用。

4 .化

単手化   双手化

关淮文 (白)　董洪之 (黑) 示范

　　化是高级的手防腿方法。手防腿时, 要用化劲, 这样不仅能有效地化开对方的进攻, 还可使对方失去重心, 任你千斤来打我, 我用四两拨千斤。有时也可用腿化腿去防对方来之腿。

(三) 腿防腿的主要方法:

正面　　　　　　　　　　　　侧面

王建平先生示范

　　提膝封腿是一种简单快速有效的防腿方法,但要灵活运用,对手踢高腿要注意用手背防提膝封腿主要用于防对方的低腿进攻和中腿进攻,不是一看对方出腿就盲目提膝,提膝只是防对方的中部腿法。

2.向外挂法

向外侧挂　　　　　　　　　　　向内侧挂

关淮文 (白)　董洪之 (黑) 示范

　　内挂是指提膝、用脚腕处把对方的腿由左向右侧走弧线挂开。相反, 外挂是指提膝、用脚腕处把对方的腿由右向左侧走弧线挂开。挂要走弧线, 因弧线有化劲的作用。挂要有含劲, 这样方可挂开对方进攻的腿。挂要通过经常对练, 方可熟练地掌握。

3.内外挡法

向外侧挡   向内侧挡

关淮文 (白)   董洪之 (黑) 示范

内挡是指提膝、用膝内侧把对方的腿由左向右侧走弧线挡开。相反,外挡是指提膝、用膝外侧把对方的腿由右向左侧走弧线挡开。挡和挂一样,技术性高,也需要通过经常对练方可熟练地掌握。如果有含劲才可完成得更好。

4.阻击法

小腿外侧阻击　　　　　　　　　　小腿内侧阻击

关淮文(白)　董洪之(黑)示范

　　用脚和小腿从各个方向迎击对方进攻的腿法,距离远用脚击,距离近用小腿击,主要击对方的小腿。击分多种,主要有迎击、内击、外击、交叉击等。使用阻击要注意对时间差和距离感的掌握。

5.高级撞击法

外撞击   内撞击

高级的撞击法是用浑圆劲、通过小腿内外侧的接触，去撞击对方攻击之腿，使对方瞬间失去平衡， 甚至被撞倒在地，失去战斗的能力。

注意：有时用腿化腿去防对方来之腿。

第十二节　腿法应用技巧

腿法的应用，贵在长。拳法讲："一寸长、一寸强，手是两扇门，全凭腿打人。"用腿法进攻别人＝的同时，用手又可以恰好地防护自己。腿法的缺点是变化少、腿上的内功难练。因此，有拳法讲："起腿半边空，要想不空，要注意少起高腿"。要想真正地、恰好地、巧妙地应用腿法，还需要腿法与步法、手法合理密切地配合。下面介绍腿与步的配合技巧、腿与手的配合技巧。

一、腿与步的配合技巧

要知步法的快速移动，不光可以快速、简单、有效地出腿，还可以使对手感到迷茫，使腿法的技巧得到充分的发挥。如对方踢来，我方快速调步反击，可使敌难以逃避而被击中。

二、腿与手的配合技巧

腿与手的配合，多讲名拳暗腿出招，出腿时往往使敌冷不防被击中。如用手法的快速进招,使对方起手招架,下肋就漏出空当,此时我方用横扫攻击其下肋,对方往往来不及防护。

步骤之四　步法（拳法步为先）

拳法步为先,习练拳法先要练习步法,步快拳快,步稳拳稳,步顺拳精。

第一节　步法概述

拳法步为先,步法作为形意大成拳八大功法中一个独立的部分,在整个功法体系里承上启下,其地位之轻重是不言而喻的。

步法的快速移动不光能够有效地进攻对方,还可以及时有效地避开对方的猛烈进攻。

武术界历来就有"传拳不传步说"之说,如练者有变幻莫测之步法,便可使对手屈服,可见步法在实战中的重要性。拳脚练得再好,如没有灵活的步步骤难以接近对方,取得有效的打击。常言道"百练不如一走"，灵活多变的步法既可使对方凶猛的攻势化为乌有，又可使练者出奇制胜、转危为安。另外，在前进、后退、左闪、右躲的移动中，如何始终保持重心的稳定平衡，需要有正确、科学的步法动作，这样才能"步到手到，出招见效"，所以讲步到手到方为真。

步法：指武术练习或格斗活动中，脚步移动的方向、大小、快慢等的方法。真正意义上的步法是建立在一定的功夫之上的，不只是简简单单的几个步形或者一些步的方法。步法不是十天半月就可学会的，形只是基础。

步法练得好，必须要有步下之内功，才能做到以内劲带动身体的移动，这样方可形成上下相随、虚实自如、身轻如燕、快步如飞、抽身换影、变化莫测之步法。

步法的技击特点讲步要过人，也就是上步跟步，即边上步边发招，步与招合一。这种上步跟步的步法发力大，技击时对方不易退出。在上步同时又有上挤之劲，使对方的腿起不来。

第二节 基本步法

（一）五形拳的步法练法

步法的特点是进步时先动前足，前脚进、后脚跟。前足为阳，后足为阴，阴阳互变，虚实相间，手足相合，协调一致。讲手到步到，要知道手快步不快、打人必定慢，所以讲手到步不到方为真。

1.半步练法

三体势站好,前脚上半步,后脚跟半步,要求前脚上多大、后脚跟多大,保持三体势的步型距离。后退动作与前进动作相反。

步法要领:前脚上多少、后脚要跟多少,是形成标准的三体势功架。

2.跟步练法

三体势站好,前脚上半步,后脚跟上、以脚内侧中部贴着前脚后跟处。重心在前脚,后脚后脚跟微离地。后退动作重心在后脚,前脚微离地,其他动作相反。

步法要领:虚脚脚后跟不可提起,要似靠非靠地面。脚后跟提起易把人的重心上提,使重心不稳。

3.一步练法

三体势动作站好,后脚向前跨一大步,后脚跟一脚左右距离,形成三体式。后退时,前脚直接向后撤一步,形成三体式。

步法要领:后脚上一步后,还是形成标准的三体势功架,不可变形。

(二)蹚泥步的步法练法

蹚泥步动作简单、朴实,但内涵丰富、深刻。趟泥步动作好比在泥水中行走,或在齐腰的水中行走,下盘稳固,日久功深。

进退蹚泥步的练法:

三体势站好,前脚提起向前移动,前脚掌先平着落地,向前趟行;

前脚上,后脚跟。后脚上步一半时,平着落地,向前趟行。两脚按趟行的要领运动,前脚要有顶劲,后脚要有蹬劲,像在水里行走。前脚贴着地面试着走,后脚注意平衡,像在泥里走。上步移动时,不可忽高忽低,平衡移动步子方快方稳。

步法要领:上体保持中正,上步脚离地不可高,步不宜大,步大则不活。练步法应先练好桩,需经过桩功的训练。

注意:当练到内整劲时,自然而然会产生蹚泥步。

(三) 摩擦步

摩擦步动作灵活,变化莫测。步法与身法、手法配合在技击中可使对方六神无主、防不胜防。

所以说摩擦步修炼很重要,要想真正领悟到摩擦步之奥妙,除了勤奋练习外,还需有正确的练习方法,否则难得其妙。

1.进退摩擦步的练法

开始身体放松,两脚平行而立,两膝部略有弯曲,身形中正,两肩放松,两臂左右分开。然后将重心移到左腿上,右脚贴着前脚内侧走弧线,与地面摩擦向前移动,落至右方,右手随之移动来保持平衡。然后将重心移到右腿上,起左脚贴着前右脚内侧走弧线,与地面摩擦向前移动,至左方。左手随之移动来保持平衡。如此两脚交替前行,即为前进摩擦步。

用摩擦步移动时,足前掌贴地面趟行运动,落地时要前脚掌先落地,之后全脚掌逐渐再落地。如欲做后退姿势练习,则可照前进的练习姿势，做还原动作。

步法要领：动作自然移动，动作要协调一致，保持身体中正灵活稳固，不要前俯后仰，不可忽高忽低，身体要注意放松，移动时要以前脚掌落地运行。动作要上下相随、手动步自随、步动手自领，做到连绵不断、沉稳灵活。左右移动步子的同时，用手的摆动来配合，带动和调整步法的重心和平衡。摩擦步重要的是练一直一横之劲。

2.摩擦调步练法

技击桩左式预备式站好，想象对方的敌人，根据攻防需要进行前后左右、或快或慢的摩擦调步运动。同时配合身法和手法的内摆外摆、交叉穿插等运动转换，身和手自然形成反方向运动之现象。这样会让对方产生错觉，眼花缭乱，难以捉摸练者。

步法要领：调步时要做到无人似有人。移动时要注意手眼身法步的协调运动、身体的平衡和步法的稳健。开始练时，可对着一个假设的敌人为目标去练，这样效果更好。

摩擦调步时步法、身法、手法诡秘变换，使对方不知从哪攻击，同时练者能出其不意地攻击对方。协调的动作轻逸飘忽，往往令对方首尾难顾，时时敌背我顺，如此显示步法之妙。

（四）闪身步

闪身步在实战中应用较多左右闪身是进攻与防守必需要的步法，快速闪身的进攻和防守会使对方措手不及。此步法重心的掌握很关键，想要真正地练好闪身的步法，需要掌握好以身带步的技巧。

1.左右闪步

(1)前脚左闪法：以左式站好,重心移至后脚,同时前脚向左滑步移动,后脚微有向左跟随移动。右闪法与左闪法相反。其步法要领是前脚似到非到,后脚随即跟上。

(2)后脚左闪法：以左式站好,重心移至前脚,同时后脚向右滑步移动,脚可微向右跟随移动。右闪法与左闪法相反。

2.坐跨闪身步

以右式站好,前脚向右向后撤,撤至后脚右方一步处,重心移至后脚。此闪身步的闪身动作极快又非常巧妙,也是极容易使用的闪身反击步法,反击时往往使对方措手不及。

(五) 腿法上步的三种步法

1.上步出腿

技击桩左式预备式,以左式站好,前脚上半步,重心移至前脚,便于快速地出后腿, 这也是出后腿上步惯用的步法。右式与左式相反。

2.疾步出腿

技击桩左式预备站好,后脚疾速移至贴近前脚处,同时前脚迅速出腿,重心在后腿上,这也是出前腿上步惯用的步法。右式与左式相反。

3.跨步出腿

技击桩左式预备式站好,后脚经前脚向前跨出一步,落在前脚一步左右,落脚同时出前腿,重心在后腿上,这也是出前腿上步惯用的步法。右式与左式相反。

4.单腿跟步出腿

以左式技击桩金鸡独立势站好,当前腿踢出落空时,再以单腿疾速滑行跟步上步,继续连出前腿,一腿为踢空,再发连环腿,这也是单腿出腿的步法。

5.调跨步出腿

技击桩左式预备式站好,前脚后插半步,同时身体左转 180 度转身,转身调胯,起后腿踢出,重心移在前腿。此步法非常巧妙,会让对方在起腿进攻时产生误判,反而被练者踢中。

(六)以身带步练习技巧

以身带步的练法可以巧妙地提高步下的速度,也可以使步法变得更轻巧、更快速,是一种很合理、很巧妙的练步方法。以身带步的练法需在掌握步法动作的基础上,这样便于提高步下的移动速度;开始练习时,不宜求快,而是重在掌握以身带步的技术。

意道:意用于用身体去带动步法移动,练时不宜求快,而是找以身带步的感觉,通过练习,逐步体会和掌握以身带步的技巧。

(七)自发步练法

自发步是在前面步法的基础上,练者随意进退躲闪的运动。此步法主要是为了适应实战变化的需要。

(八)强效练习法

强效练习方法是当对方徒手和拿兵器进攻时,练者只用躲闪来进行防守。这样可强行地练好步法的快速移动,并逐渐掌握实战时的距离感、时间差和技巧。

第三节 步法的练功方法

步法的练功方法是提高步下速度的关键所在。快速的步法移动,不是光靠简单的多练就能达到的,必须靠正确的练功方法和对步法练功的感悟和了解。

一、步法试力

步法的试力,也可以说是一种周身的动气功,练习起来花费的时间很长。特别是步下功夫,可提高步法与身法、手法的协调性,提高步下的变换能力和移动速度。在步法的试力中,练起来人会感到极其舒适得力,故是步法中难得的、不可缺少的练功方法。

意道:步法试力是练步下功夫的方法,通过步法的试力练习,得到以内带外的效果,使自己身体轻灵、健步如飞。内功上身时,可产生内气鼓荡、以气运身之现象。此时已进入动气功阶段,既可练步,又能练功。运动时身法和步法会自然协调贯通,产生极其自然的左躲、右闪身法调动,并和手产生微妙相仿的运动。

二、八卦步内功

虎形　　　　　　　　　　狮形

王建平先生夫人丁丽示范

　　八卦步内功是步下练功的方法。八卦内功练好，即使用其他步法移动，也会身体轻灵、健步如飞。所以说八卦内功是提高步法运动的功法，同时也是内功的一种，既能健身，又能治病。它可通过步下使功夫达于周身，这时气从步下达于周身，当你内功上身时，内气自然会带动你走，产生旋转的裹劲；旋转的裹劲可产生自然八卦转换的动作。这就是形由劲中生的道理，是有什么劲就产生什么形的道理，说明了旋转的裹劲是八卦的真正之劲。

八卦步内功是先以丹田、走步为基础,先以练形为基础的,待形练好了、成为本能了,再练内功。

(一) 八卦步内功练法

意道:通过内功的修炼,步下逐步产生内劲,达于周身。此劲可带动形的运动,也就是动作的变化。此动为内动带动外动,运动起来会自然产生八卦掌的运动之形,也就是八卦掌的动作。八卦步的动作变化和节奏的快慢,都随内劲运动而运动,这样是真正地做到以内带外、内外合一。

(二) 八卦步速度练法

意道:前脚似到未到,后脚就跟上,这样可自然形成愈走愈快之现象,即练步下之速度。

八卦步要领:一是前脚掌先落地,用前脚掌趄着走,有试着走之意。二是两脚要贴着走,也就是扣步贴着摆步走。三是走动时,不可忽高忽低,要注意保持平行走动。四是要先站桩、后练步、最后练内功,按顺序前后去练,方为合理。

第四节 步法的辅助练法

变速跑是快跑与慢跑交替进行的一种跑步方法。

横向变速跑主要是练步下变换的灵活性和快速移动的能力,从而提高三步法与身法的协调性。变速跑不仅能提高步下协调和灵活性，而且还能增强练者跑步的兴趣，使人身心健康，提高人体的机能。由此可见，变速跑是一种很好的步法辅助练法。练习横向变速跑时，身体横着用跨步和插步交替向前跑，并不间断地或快或慢地变换速度去跑。

第五节　步法应用方法

步法的应用要根据攻防需要，进行本能地移动。水平的高与低，会在实际应用中体现出来。不能总想着如何发挥步法，不然就会执着于步法而失去步法的灵活性、降低步法的实用价值。

步法与拳脚的进攻及防守的配合，是虚与实的配合，是重要的、技术综合性的发挥，需要通过对练和实战方可逐步掌握。拳经讲："手到步到方为真"，拳到步不到，打人不为妙；拳到步也到，打人如拔草。步不快拳则慢，《三国演义》描写关云长马快而刀快，说明了步快手快击打的作用。

步法与拳脚动作恰好地配合，可使练者的技击技术超越一般的水平。步法的最高深阶段，可使敌无从进攻和防守。巧妙地步法移动，可使敌六神无主、对距离产生错误判断等，反之，缺乏灵活的步法，往往会成为对方的靶子，进攻别人时会显得力不从心。练到以内功运身带步、快步如飞、身轻如燕，在实战中就可充分地发挥技法，使对方处于被动挨打的地位。此时，练者会感到搏击实乃一种有效的运动，体现了武艺的魅力。

步骤之五 丹田气（步入内家拳之根本）

丹田是内家拳之根本，也是进入内家拳门槛的标志。一个习练形意大成拳的人必须修炼丹田之气，可以说丹田修炼的水平，决定着习练者掌握形意大成拳以后的层次和水平高低。

第一节 丹田气概述

真正的内功修炼，应该从得丹田气练起，得丹田气是进入内功最根本、最关键的一步。得气是指得丹田之气，丹田得气是内里之气，内里得气方可有内力、发内力，故气为劲之源。内家三大拳离不开丹田修炼，太极拳讲虚领顶劲，气沉丹田；形意拳讲龟尾升气，丹田练神，气下于海，光聚天心。

下丹田是练功诱导得气的部位，根据意到、气到、劲到这一原理练精化气，意念、形体决定内气的产生和运行。

一般需要通过一年左右正确的修炼,丹田才能逐渐在体内蓄积成一个气团。气团运动、沉入丹田,就形成气流运动,这就是丹田之气,也就是说习练者得到了丹田之气。

丹田气的集聚与运行可以产生内劲。内劲发源于丹田,习练者动时,劲则由丹田而发,既可用于技击,又可健身。

丹田为点,从点到周身要通过一个逐步修炼的过程。周身一气,也就是周身一劲,又称浑圆劲。没有从丹田里发出的内劲,不是真正的内劲,只能说是肌肉的松紧力。内劲有内里劲、内圆劲、空透劲、内整劲、浑圆劲,都是以丹田之气为基础的,所以丹田气是步入内家拳门的必备。

一般所说丹田,都是指意守下丹田。下丹田,即正丹田,在脐下,或有称之为气海,藏命之所。古人认为下丹田和人体生命活动的关系最为密切,是"性命之祖"、"生气之源"、"五脏六腑之本"、"十二经之根"、"阴阳之会"、"呼吸之门"、"水火交会之乡",是真气升降开合的枢纽,是汇集烹炼、储存真气的重要部位。古人认为丹田是滋养全身的重要部位,故有"无火能使百体皆温,无水能使脏腑皆润,关系全身性命,此中一线不绝,则生命不亡"的说法。

历代气功师、武术家多主张下丹田的修炼,因为下丹田为锻炼、汇聚、储存真气的主要部位。人的元气发源于肾,藏于丹田,借三焦之道周流全身,以推动五脏六腑的运转。这个部位与人体生命活动的关系最为密切,位于人体中心,是任脉、督脉、冲脉三脉经气运行的起点。

十二经脉也都是直接或间接通过丹田而输入脏腑。下丹田是真气升降、开合的基地，也是男子藏精、女子养胎的地方。人的体质强弱、生死存亡，与丹田元气之盛衰有关，所以养生家都非常重视保养丹田元气。

习练站桩时，如产生丹田之气，丹田会自然运转，达到养练丹田气之目的。所以说有丹田气为基础，站桩的效果会更好。

需要知晓的是，丹田气因人不同，也因习练层级而不同。每个人的丹田气与其他人的丹田气是不同的，有的是养生丹田气，有的是硬气功丹田气，有的是武功丹田气。武功丹田气，讲的是气沉丹田、丹田翻转、丹田气发力。

第二节　丹田气练法

一、意道：丹田是练者有意以呼吸和动作的配合，通过长期的练习在体内形成气团的运动，即气沉丹田。

二、气道：为自然顺式腹式呼吸，而到内里发力时会自然地逐步形成逆式呼吸。

三、劲道：发力不求力。丹田气是内里劲的基础，内里劲是内圆劲、空透劲、浑圆劲的基础。丹田通，不用练试力就可以练内里发劲；但如丹田不通，光有内里试力也是不好练内里发劲的，也就是发不出内里劲。

四、丹田气之作用——丹田气是指内气，也就是武侠书中所说的内功。丹田好比车子的发动机，是力的源泉。丹田气可内达五脏、外发四梢如应用恰当，练者能发出超常的力量，而且速度极快、重心稳、变化无穷。

普通人运动时，重心上浮，稍有外力作用，就会失去重心，但如果丹田劲重心稳，就不易失去平衡。要知道在搏击中一旦处于失衡状态，便会完全丧失战斗的能力。

练武人如不知道什么是丹田，是进不了内家拳之门槛的。所以内功都离不开丹田的修炼，且要以丹田为核心去修炼，这是历来武术界的传承。

从养生角度来说，丹田可培养真气，使之达于周身、内气充实、畅通八脉，使五脏六腑健壮等等，达到调节阴阳、沟通心肾的效果，有利于恢复先天之生理机能，促进身体的健康长寿。所以养生家都非常重视丹田的修炼。

步骤之六　桩功（气由养而增）

　　习练站桩是修炼形意大成拳的基础。没有桩功的练习，就无法进一步更好地习练形意大成拳。而修炼桩功，可以充实丹田之气、养浑圆之气，从低级到高级习练形意大成拳都由此而生。所以王芗斋先生说：要知拳真髓，首由站桩起。

第一节　桩功概述

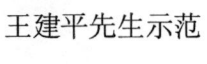
王建平先生示范

一、桩功的历史

站桩是我国古代主要养生术之一,历史悠久,既博大精深,又至简至易,奥妙无穷,为养生健体之精髓。早在两千多年前的《黄帝内经》里,就有"独立守神,提挈天地,把握阴阳,呼吸精气,肌肉若一"的记载。由于中华武术的不断发展,形成了诸家不同的站桩功法。站式练功方法也比以前进步完善。

桩功是中国传统武术运动中独特的、高级的练功方法,是形意大成拳的根本功法。它功法简单、功理深奥,是目前所有养生功法中最简捷、最便利、又不易出偏差的功法步骤,并且见效最快。

站桩,站着不动,即有静极生动之理,是以静站方式来练气养神、增长内劲的方法。在练武功的同时又有养身治病的功效。王芗斋先生说:"桩功是从不动中求速动、从无力中求有力、从笨拙中求灵巧、从平常中求非常的功夫"。许多真正实现了延年益寿的养生家,多少都获益于桩功的修炼,几千年来,很多文人武士大都依此方法来修身养性或提高武功。

谈及桩功之妙有以下总结:独立守一,静极生动;内气鼓荡,身体有物;周身一气,劲得浑圆;舒适得力,功在其中。

习练桩功可以获得各种层级的功感, 一般分为五步: 第一步舒适得力, 第二步整体如一, 第三步身体有物, 第四步内外呼应, 第五步物我两忘。大家练到何种境界, 可以对照!

二、桩功的原理

桩功是练精、气、神的好方法, 也是中国人修炼身体的独特方法, 至今仍独树一帜。它看似站着不动, 内里却在动, 这个动是气动, 可以静中生动, 这也是无极生太极的道理。

通过站桩可以使人体协调统一、肢体间处处连通, 成为一个整体。练皮下层整体之内劲和筋骨之劲, 继而使内里层丹田充实, 内气渐增, 气贯注周身, 形成浑圆一气、一动无不动的状态。

习练形意大成拳桩功可以依据修炼程度的不同分为三个阶段。

一是整体桩讲言力。言力可运气, 言力可进入整体如一之气功态, 言力是练精化气阶段, 是练整体劲之功夫, 主要是通过劲化向气化转化之过程。

二是浑圆桩讲守形。守形可生气, 守形可进入形神合一之气功态, 守形是练气化神阶段, 是练浑圆一气之功夫, 主要是通过气化向静化转化之过程。

三是虚无桩讲守神。守神可养气, 气由养而增。守神可进入天人合一之气功态, 为练神还虚阶段。练身外生气之功夫, 可以通过静化向虚无转化之过程。

这三种桩法都可通过三个步骤来步步提高。一是通过言力可运气，气由运而练；二是守形可生气，气由生而得；三是守神可养气，气由养而增。要明确整体桩是浑圆桩的基础，浑圆桩是养身桩的基础。如没有整体桩，直接练浑圆桩或养身桩，效果是不同的，所以要按层次来练，一步步升华。

从理论上讲，按练精化气、练气化神、练神还虚、以虚入道这四层修炼，也是合乎道理的。

形意大成拳是从外向内练的。我们认为人体气分三层：一为皮下层，即经络之气；二为筋骨层，即筋骨之气；三为内里层，丹田和五脏之气。形意大成拳是从言力、整体桩开始练的，也就是从皮下层的经络之气开始练的。从外向内练上功更快，是修炼出高级武功的方法。

形意大成拳是从力、气、静开始练的，精足气方满，气足神方旺。故一步一步地修炼，在什么时期用什么相对的桩法去修炼，实际是合乎道理的，但有针对目的的练法另当别论。

形意大成拳是从整、通、忘开始练的。也就是先练整体如一的整体之劲，再练节节贯通的浑圆一气，最后是练物我两忘中产生的身外生气之功夫。整体桩言力是修炼整体劲的速成之法，知力可至整。浑圆桩守形可练出节节贯通、周身无处不弹的浑圆一气，松可至通。虚无桩守神，达到物我两忘的境界，静可至忘，可进入天人合一的状态。此状态中人体之气与宇宙之气产生呼应，达到合一，修炼出身外生气。形意大成拳桩功的修炼过程中，主要通过三个转化的过程。一是整体如一阶段,即通过一个劲化的过程,将拙劲转化为内劲的过程。二是形神合一阶段,即通过一个气化的过程,从不动到动,从内气运动到气贯周身的过程。三是天人合一阶段,即通过一个静化的过程,从不静到静,从静到极静的过程。站桩功,不同的意念活动可以有不相同的现象、感觉和作用。不管你相信与否,只要坚持正确地修炼,都会有反应,产生功感。王芗斋先生指出:"要知拳真髓,首由站桩起",说明桩功的重要性。

形意大成拳原理是气由桩中生,劲由气中来,练到浑圆时,妙趣横生至。在桩的练习中我们根据不同的人群,来决定先练技击桩还是先练浑圆桩。如以练技击为主的就先教技击桩;如以练养身为主的就先练养生桩;如专练养身的人,也可不练技击桩,直接练养生桩。不同阶段的桩功有不同的修炼层次,产生不同的反应和功感。功感的不同也是衡量自己功夫高低的一种方法。形意大成拳桩功的三种境界,一是整体如一,二是周身贯气,三是身外生气。

在探讨形意大成拳桩功与劲的关系方面,我们认为整体桩练力与明劲对应,在练整体桩时,一般为练明劲阶段;浑圆桩练气与暗劲对应,在练浑圆桩时,一般为练暗劲阶段;虚无桩练虚与化劲对应,在练虚无桩时,一般为练化劲阶段。

三、桩功在武功中的作用

桩功通过一个从劲化到气化、从气化到静化的修炼过程,是一种静中求动的功夫。静极生动也是一种自然规律,这个动也就是气之动。站桩静化过程是一种静中求无的功夫,通过一个从不静到极静的转化过程。同时,站桩又是一种无力中求有力的功夫,因站桩可蓄力于全身,故力由桩中生。站桩又是一种不动中求速动的功夫,因不动可产生内动,这个内动是产生超速的运动功夫。因此,桩功是练功的方法,它不光能练气养神,还能练力量、速度、反应等。

形意大成拳在桩功的练法上,下丹田为藏精之府,可通过整体桩来练精化气;中丹田为藏气之府,由浑圆桩来练气化神;上丹田为藏神之府,最后由虚无桩来练神还虚。

从武功上讲,从力、气、静开始练,比一些气功从静、气、力开始练进度要快,功夫要深,也更容易入门。有些气功,直接从静开始修炼是很难进入的,这也是修炼者难以修炼出高级武功的关键所在。

为什么要先练力、再练气、后练静,这是武功的练法,是按练精化气、练气化神、练神还虚、以虚入道的顺序来练的。这样练长功夫快、出功夫深,而一般气功的练法相反,是按静、气、力这样练的。这是武功炼的特点和精妙之处,也是武术气功与其他气功的不同之处。

形意大成拳吸收了气功的精髓,气的奥妙也是中华武术最有魅力的地方。气在技击的同时又有养身的一面,这是与外国武术不同的地方,更具神秘性。当站桩达到整体如一、贯气周身、一动无有不动的境界时,就基本具备修炼浑圆劲的条件了。修炼到劲得浑圆,也就具备了"打人似电击,放人如挂画"的技击高境界了。

四、桩功的益智作用

桩功不光用于武功、养生和治病等方面，还有更为重要的易被忽视的功能——益智。人脑的潜力是无穷的，智能与体能一样，一半是先天的，一半是后天的。人们有时会说某人，其先天不足而后天有余，这也说明先天与后天的关系变化。智能本质的开发与提高，尚为一般人所不知，其修炼的真正方法更是神秘，更不要谈了解其效果了。

桩功可练精化气、练气化神、练神还虚、以虚开慧。又有精足气满、气足神旺之理。它有动的一面，又有静的一面。益智主要是静功方面的作用，智能可以通过桩功来改变和提高，如提高悟性和思维能力、判断能力、远见能力等，使练者变得聪明过人。所以说静可生慧，静可开悟，静可致远。

五、桩功在养生方面的作用

站桩是整体的气血运动，对人身体的运动系统、消化系统、呼吸系统、泌尿系统、生殖系统、内分泌系统、免疫系统、神经系统和循环系统等九大系统都有锻炼和理疗的作用，可达到养身、强身、去病、益智等目的。一方面能使中枢神经得到休息；另一方面能促进血液循环、增强新陈代谢。中枢神经得到充分休息，调节功能就会加强；血液循环加速和新陈代谢增强，会使五脏六腑四肢百骸得到充分地灌溉。如果全身润泽、生机旺盛，就能达到祛病延年之目的。

桩功主要可练精气神，精、气、神为人的三宝，是体现人是否健康的重要标志。精是指构成人体的基本物质，气是指推动人活动的原动力，神是指生命活动的最高统帅。精、气、神三者之间是相互滋生、相互助长的，所以说精充气就足，气足神就旺。精、气、神充足，人会感到轻松、舒服、精力充沛。所以桩功是人们最喜爱练的主要功法之一，有着广泛的群众基础，越来越受到国家和社会等各方面的重视。

六、桩功在治病方面的作用

中医与气功联系紧密，用中医的观点评定一个人的健康情况或是疾病的顺逆，都是从阴阳平行和精、气、神如何这些方面考虑的。

站桩是既能调整阴阳，又有练精、气、神之功效。《黄帝内经》讲："正气内存，邪不可干"，"精神内守，病安从来"，这表明练气功具有预防疾病、保健强身的作用。桩功具有明显的消除心身疲劳、恢复体力和精力、提高工作效率、增强机体免疫力、预防疾病等作用。随着社会的发展，人们日常生活节奏越来越快，心理紧张程度也随之越来越高。长期的心理紧张会降低机体的免疫力，引起机体生理功能失调，导致肌体功能性甚至器质性病变。中医认为人到老年阴精虚衰、真元渐亏，身体各种机能都在逐步减退，也有一些人因种种原因未老先衰，而桩功对未老先衰、性功能下降和其他一些病症都有一定的改善和提高作用。桩功能够调动和发挥机体内在潜力，推迟或延缓衰老，防治老年智能减退，达到延年益寿的目的。

七、站桩的主要功效

一是可增强大脑功能,促进大脑皮层和全身脏腑得到调养,提高记忆能力,开发智力,陶冶情操,达到开阔心胸、培养意志、塑造健全的人格、增强心理适应能力的作用。

二是促进血液循环。中枢神经得到休息调整后,调节皮质下中枢的功能就越强,血液循环的加强能使组织细胞的新陈代谢功能更旺盛。

三是疏通经络。经络是气血运行的通路,经络不通则痛,脏腑组织器官得不到气血的滋养,会导致病症发生。

四是调和气血。气血是人体的营养物质,如果气血不足会导致人贫血或营养不良、免疫功能下降,从而产生许多虚症;如果气滞血淤会导致气血运行障碍,产生许多实症。健身气功锻炼不仅可以补益气血,还能理气活血,防治许多虚症和实症。

五是平衡阴阳。人体的很多病是由于阴阳不平衡引起的,人体的阴阳必须保持相对平衡。如果阴阳平衡失调,就会产生阴虚阳亢、阳虚阴盛或者阴盛阳衰、阳盛阴衰等症状。健身气功锻炼可以平衡阴阳,改善和消除阴阳失调引发的病症。

六是扶正祛邪。扶正是指扶助人体的正气。疾病的产生很多与正虚邪实有关。正虚是指精血不足和脏腑功能低下,邪实是指风寒暑湿燥火六淫之邪气侵袭。健身气功锻炼既可扶助正气,又可祛除邪气,所以能够防治正虚邪实引发的多种疾病。

桩功 炼能够促进体内精、气、神不断充盈,逐渐达到精充、气足、神旺的状态。精气充足则脏腑组织器官功能健全,神旺则大脑和免疫功能健旺,从而达到无病可强身健体、有病可治疗康复、养生健体、抗老防衰的目的。

第二节 桩功的基本功

一、基本桩功介绍

练习桩功的基本功主要有两点。其一是练形,要掌握好基本动作、形成本能,达到形成练功的气功态,为下面再练桩功打好基础。其二是练松,做到身体和精神放松。松是气运动的条件,是练气功的基础。把形练松下来,把拙劲去掉,就能逐步培养出内劲。

二、基本桩功的动作分解

基本要领：摆好动作，身体中正，两脚平行站立，与肩同宽，不可内八字或外八字，两手抱于胸前，成半圆形，双腿微曲，做到"似直非直"、"似曲非曲"。

站桩的主要姿势大体可分为站式、坐式、卧式。初练者可先练站式。

养生桩练功的动作要做到沉肩坠肘，含胸拔背，提肛悬顶，裹臀坐胯；下腭要收，舌抵上腭，牙齿微扣；目要做到闭目不闭神，睁目视而不见。双抱式分高中低、可上下调节，双手好比抱球。

注意：动作抱圆时，不可想抱着什么，那样易产生气滞。

（二）按提式

王建平先生之子王宏波示范

基本要领：神态自如，心平气和，身体放松，两脚平稳站立、左右分开、成平行状。两脚距离与肩同宽，两手左右张开在胸下前方，手心向下，五指微屈分开，指尖向前，两手与身体的距离以感到舒适为好，两手的高度可以调整。身体保持中正，腿部微屈，胯微下坐，下腭微收，舌顶上腭，含胸拔背，提肛悬顶，垂肩坠肘。

坐式和卧式可与站式调节练，如累了，可先练练坐式或卧式再练站式，这样效果更好。总之，练功以站式为主、以坐式和卧式为辅。

（三）坐式

坐抱式　　　　　　　　　　　坐叠式

王建平先生之子王宏波示范

基本要领: 坐式一般坐在凳子上,高度能使大腿与座位平衡就可。一般左手在上、右手在下, 这样更舒适自然些。要注意动作的放松和动作如何正确地调整, 呼吸要自然。

卧式一般是身体卧下, 摆好一个舒适的动作就可, 但一般不用卧式练, 卧式练容易不知不觉睡着了。

三、基本桩功的练法

意道: 摆好练功动作, 注意放松和动作的要领。放松指哪里紧哪里要注意放松, 并要做到闭目不闭神、睁目神不外露, 做到视而不见。注意不能一味求松, 求松易执着于松, 要松不懈劲, 懈劲身体会瘫软, 瘫软便会泄劲, 所以要做到松而不懈。当你想着放松时, 身体和精神自然都会松下来。

四、基本桩功的功感

桩功开始时身体会出现不适期或疲劳期, 如开始会出现抖、酸、痛、麻、热、胀等, 并有流眼泪、打哈欠、饱嗝、腹鸣、蚁走、放屁等现象。刚练习时出现肌肉酸痛或酸胀的反应是正常的,习练者松不下来。想要真正地松下来, 需要一个逐渐形成的过程。随着练功的深入, 一般一个月左右酸胀便会自行消退。

第三节 养生桩功练法

一、养生桩概述

养生桩是内功修炼的基本功夫,是其他桩功的基础,但其主要目的是用来强健身体、防病治病。

养生桩没有那么多的意念活动,在练功的时候,不需要注意呼吸和意守丹田等。在体静的状态中,就可达到不练自练、腹式呼吸和入静的目的,从而获得练气养神之效果。

练养生桩的主要特点是容易掌握,故不论性别、年龄、身体强弱,都可以练习养生桩。

二、养生桩功练法

意道:摆好桩架、意用于摆好动作,内动时意可随动而动,并要注意放松,呼吸要求自然。不动可生动,这个动也就是气动,这也是静极生动的道理。

摆好动作可得到精神内守,独立守神之目的,同时不动有静极生动之妙、生动也就是有生气之妙。静功是修炼内在的真气、充实精气神、性命双修的方法,也就是精神和形体同时修炼的最佳方法。

学习养生桩的人首要注意体会站桩的感受,不可追求功感,要持之以恒地修炼,自可达到练功之效果。习练时,不控制自然之动,体现自然之动,能产生无极生太极的现象。练功时,动作不宜主观地变化,因为主观的变化会影响入静和内在的运动变化等,从而影响练功之效果。

第四节 技击桩功练法

一、技击桩概述

技击桩的主要意义在于如何应用技击。技击桩是实战的基础,也是重要的环节。因而不可轻视,需刻苦练习、全面掌握,方可在搏击时充分地发挥习练者的武术技能。

技击桩相当于一些拳法的预备式,是打斗中的预备动作,主要是为了使练者的拳脚、身体摆出最有利于自己进攻和防守的需要。很多中外拳学一般都有预备式,如太极、形意、八卦、拳击、泰拳、空手道、军队的格斗式等等。练习预备式是为了做到最好的进攻或防守。

技击桩的练法主要分三个方面,一是技击桩练动作与内劲的方法,二是技击桩练技巧的方法,三是技击桩练胆识的方面。这些练法主要是为了技击中的需要而设,是搏击的基础,也是练习中不可缺少

的一个重要部分。

技击桩练到动作扎实、内力雄厚，使对方不易破坏练者的预备式之平衡。反过来讲，对方一接触练者就易失去平衡而处于被动挨打的架势中。

用技击桩练习技击技巧也是独特的练技方法，可使练者快速熟练地掌握招法，提高在实战中的快速应变能力。

用技击桩练习胆识也是独特的练技方法，它可以不通过实战提高胆识。搏斗时胆气足、不畏强手、气势压人地去搏击，可充分地、恰到好处地使拳技发挥至极。实战搏击中不管遇到什么对手，都不可怕，一怕在精神上就输掉了一半，会影响拳技的正常发挥。

二、技击桩练法

(一) 开合式：

1.开合式的动作分解

王建平先生之子王宏波示范

　　基本要领: 丁字形站好, 两足与肩同宽, 身体微斜下坐、两腿微屈、前脚脚跟与地面似靠非靠。中心偏后、两手抬起、曲肘环抱、含胸拔背、垂肩坠肘、左手在前、五指分开、左手心向内、手的高度在眉以下、右手后指尖向前和微向上、五指分开、手心向内或向下放在胸前。2.开合式形的练习方法

　　意道: 意用于如何正确地调整动作, 并注意身体的放松。

3.开合式劲道的练习方法

　　意道: 开合式动作站好, 意用于两手开合的劲, 也就是两手开的同时要有合劲。用意不可用力, 内动时要注意放松, 主要练捎节含劲。

4.开合式技击中的作用

此动作主要用于近距离搏击。

（二）按提式

1.按提式动作分解

王建平先生之子王宏波示范

基本要领：丁字形站好，两足与肩同宽，身体微斜，胯微下坐，两腿微屈，中心偏后，两手抬起，含胸拔背，垂肩坠肘，左手在前、五指分开、手心向下、高度在肋前方，右手后指尖微向上，五指分开放在胸前。

2.按提式形的练习方法

意道：意用于如何正确地调整动作，并注意身体的放松。

3.按提式劲道的练习方法

用意方法是调整好动作、两手用于按提,也就是两手有按劲,同时要有提劲,用意不可用力。内动时要注意放松。哪里动,哪里就要注意调整松。此式主要练捎节含劲。

4.按提式在技击中的作用

前手高,多用于近距离搏斗。前手可用于进攻和防守,后手也可用于进攻和防守。

前手低,多用于远距离搏斗。前手可用于进攻和防守,后手也可用于进攻和防守。

5.技击桩练技巧的方法

意道:假想各种进攻和防守的方法。通过假借意念来练打斗需要的技巧,达到桩中有拳之目的。这种练法也属冥想的练法,西方早就开始用冥想式的训练来提高运动员的成绩。通过想象完成技法技巧,并不比真正的练习效果差,技法技巧甚至还能有所超越。

6.技击桩练胆识的方法

意道:调整好动作,意想与强大的对手搏斗,勇不可挡,毫无畏惧、有马上战胜对手的信心和决心,主要是为了练实战之精神和胆识。

注意:胆识也受自身水平高低的影响。

第五节　整体桩功练法

整体桩是为练整的功夫、得到整体如一之劲而习练的方式。

一、整体桩概述

整体功夫讲整，是整体如一的气功态，可练筋骨之力、练整体之内劲，练出周身一体的整体劲。整体桩通过正确合理的站桩方法，培养出周身整体如一之内劲，故名为整体桩。

整体桩讲言力，力可运气，气由运而练，力可至整，言力可进入整体如一之气功态。练精化气阶段，可练筋骨之力、整体内劲之功夫，主要是通过劲化向气化转化，通过了一个去拙劲转化为内劲的过程。言力使内气鼓荡，有运气之妙，运气有练气之妙，练气有增气之妙，气有产生内劲之妙，得整体劲之妙。言力一点可牵动周身，这是言力可以练整体劲的道理，也是力可运气之道理。

整体桩言力不求力，而是求动。这个动也就是气动，使内气增加而产生内劲。通过练习一段时间的站桩后，身体内气充实，逐渐会产生整体之内劲，身体有重力和膨胀力的感觉，这种内劲从招法练习中是很难求得的，而在站桩练功的过程中却能较快得到。所以说整体桩是求内劲、求整劲的速成之法，也是练整体劲的最佳途径。

桩功是一种静极生动的功夫，是一种无力中生力、不动中生动的高级的运动。静中慢慢会生动，然后逐渐从小动到大动，后又由大动变小动，小动至不动，不动而内动，从动的过程中才会真正体会出动的实质。所以说：大动不如小动，小动不如不动，不动之动方是高级的动。

整体桩是由形意拳三体势站桩功演变而来的。早期的三体桩,使人站起来不易放松,影响练功的气功态,也不易坚持到练功的完成,影响练功的效果。

需要特别提醒的是,形意大成拳整体桩,不控制自然之动,不需要注意呼吸,不意守丹田,不引导,不练大小周天循环,不讲阴阳八卦,而是练周身整体如一之内劲。

整体桩是技击桩的基础,也就是说功夫是技法的基础。这体现了先练整体桩、后练技击桩的合理性,也是形意拳常讲的"练拳先练三年桩"的道理。

在练整体桩初期往往感到单调乏味, 心情浮躁,耐不住性子,不适应,并有酸痛吃力、身体肌肉会颤抖的现象,尤其是腿部颤抖,这主要是肌肉紧张形成的。一般初学者需要一周以上时间,身心才会逐渐入静,两周以后身体各个部位才能调整到站桩的基本要求,一个月之后,大多数人才会进入"气功态"。随着时间和功力的增加,会越站越顺,越站越得力。一般站到2—3个月后会产生内动,内动会带动外动,如摆动、扭动等,内动是试力的基础。

站桩似乎简单枯燥,但是随着时间的推移,会不断体会到身体微妙的变化,感觉产生了新的东西。随着时间和功夫的上身,感觉到站桩带来的享受,逐渐会有舒适得力之感、轻松感等。站得越多,体会就越多,因为不同的境界感觉是不同的。

二、整体桩生气的原理

整体桩能够生气，主要是因为它一是言力、二是体静。言力可运气、练气、增气，通过了一个劲化到气化的修炼过程，要知力可运气、气可生力的相互作用之理，言力是修炼高级武功的绝妙方法。体静可生动，生动也就是生气，这个动也就是气动。

三、整体桩功二种动作练法的作用

整体桩主要动作有挣抱式、按提式。虽然都练浑圆之劲，但动作不同其劲路是不同的，在练功和养身治病上的作用也是不同的。

整体桩一般先练挣抱式，再练按提式。撑抱式是从横劲开始练，逐渐形成浑圆之劲。按提式是从竖劲开始练，逐渐形成浑圆之劲。当撑抱式练到外不动内动时，也就是练到整体如一时，再练按提式；等按提式练到外不动内动时，也就是练到整体如一时，再练养身桩。按两个动作的顺序练，等劲练到形成本能了再练养身桩时，这些劲都自然存在，所以说养身桩同时又包含了浑圆桩的功夫。两个动作按顺序练，比按一式练下去的功力要深、境界要。虽一式也可练出浑圆之劲，但二式练出的效果是不一样的。所以两个劲路都必须练！

整体桩的练功动作主要以站式为主，坐式、卧式为辅。

四、整体桩的练法

（一）挣抱式练功的方法

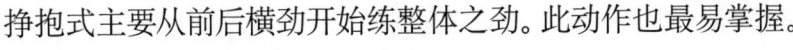

挣抱式主要从前后横劲开始练整体之劲。此动作也最易掌握。

意道：摆好动作，放松意用于撑抱，就是意用于双手之撑抱。两手有撑的力量，同时要有抱的力量。用意不用力，用意宜轻不宜重。

切记：内动时可随之而动，并要注意放松。不可固守不动，那样虽有利于练皮下层筋骨之内劲，但不利于内里真气的培养。站桩时闭目与睁目随意，但要注意闭目不可闭神，睁目不可外视，即有视而不见之意。

整体桩不控制自然之动，可体会到周身之内动，培养出内气之运动，并由内气之运动，进行试力。试力是桩功的延续，能做到拳由桩中生。如控制自然之动，就不能产生试力的动，也就不能产生内里试力。

练功中的松：一是哪里动哪里就松；二是全身放松，身体和精神都要放松。

撑抱式呼吸方法：自然呼吸。

撑抱式练功要领：要注意的是不要有意识地追求功感。练功不求功，求功易执着，执着易产生错误的练功方法。练功不求功，功在其中；求功不出功，枉费心机。俗语说：功到自然成，随着功夫的提高，一般 2—3 个月后，人的感受会逐步改变。练到逐步能入静下来，感到舒适，产生内动等气感现象出现了，方可再增加练功时间。随着功夫的提高，练功时间可提高到 1 小时至 1 个半小时，因为练到 20 分钟时一般才上气感，40 分钟时气感较强，40 分钟到一个半小时气感最强，也是练功夫的最长时间。当然，各人的功感来得快慢不一样，产生的功感也不完全一样。

（二）按提式练法

按提式主要从上下的竖劲开始练浑圆之劲。

按提式练功的方法：摆好动作，放松意用于按提，即意用于双手之按提。两手在有按的力量的同时，要有提的力量。内动时可随之而动，并要注意放松。用意不用力，用意宜轻不宜重。

按提式呼吸方法：自然呼吸。

按提式练功要领：注意两手对站立、前后平衡的调整。

注意：整体桩配合试力练，效果更佳。

五、整体桩功的功感

就气感而言：在动方面表现为，产生内动和舒适的感觉的时间大约在站到2—3个月左右。随着练功的时间长了，动的动作在不同时期会产生不同的现象。开始时内动带动外动，会产生摆动、扭动等现象。动的动作由小到大，后又由大到小，由动到不动，最后由外不动到内动。所以说："大动不如小动，小动不如不动，不动之动方是生生不已之动"。静的方面，从杂念多到少，从杂念少到无，逐步至杂念不生，进入极静的状态。但动与静的现象，都是自然达到的，不可强求，强求什么就易执着于什么，而影响正常练功效果。整体桩站到一定的境界会产生内气和内劲，可到达内气鼓荡、整体如一的境界。

第六节 浑圆桩功练法

浑圆桩是练通的功夫,也就是练得到周身一气的方式,为站桩的中级阶段。

一、浑圆桩概述

通过正确合理的站桩方法,可练出周身一气的功夫,也就是浑圆一气,名为浑圆桩。

浑圆桩是在整体桩基础上的进一步提高的练功方法,因产生整体桩、整体劲和得丹田气的基础上,浑圆桩可很好地把周身练通,使丹田内气充盈,继以丹田充盈之气达于周身,形成周身一气。

浑圆桩通过了一个从气化到静化的过程。气化的过程,也就是通过了从内气渐增到气贯周身之过程;静化的过程也就是从不静到静的过程。在形神合一气功态的修炼中,守形有生气、增气之妙,守形可练浑圆一气之功夫。形意大成拳的浑圆桩,不控制和引导自然之动,不练大小周天,而是练浑圆一气。

浑圆桩讲守形,守形可生气,气由生而得。守形可进入形神合一之气功态,为练气化神的阶段。练浑圆一气之功夫主要是通过气化向静化的转化之过程。守形生气是以丹田气和整体桩内气鼓荡为基础,效果甚佳。守形有生气之妙,生气有增气之妙,增气有生力之妙。力可运气,气又可生力。守形的方法是言松,松可至通,松可达到守形之目的,守形可达到练气化神之目的, 练气化神可达到浑圆一气之目的。

浑圆一气可达到练浑圆劲之目的。浑圆劲是微动的瞬间, 周身内气产生膨胀之劲。此劲可获得一动无有不动、周身无处不弹之功夫。此桩功夫讲究通, 是形神合一的气功态, 可练周身气贯通, 达到一动无有不动之境界。

切记: 内气产生运动, 周身贯通, 一动无有不动也是试力的基础; 反之没有内气运动为基础, 是无法谈试力的。

浑圆桩是上乘武功, 等到浑圆桩练到浑圆一气、周身贯气时, 就可为练浑圆劲打好基础。而浑圆劲可获得无处不弹之技击功效, 无处不弹也就是无处不发, 好比拍皮球一样。当你能周身贯气, 气嘶嘶有声, 以气运身, 一动无有不动时, 用浑圆劲打人, 不问行坐, 一触可跌人而出, 浑圆劲用于技击时可达到随心所欲之境界。

二、浑圆桩生气原理

浑圆桩在生气方面主要包括一是守形, 二是体静。

一是守形可生气。放松摆好, 放松可得到守形之目的。守形有生气之作用, 因形神合一是种气功的状态。放松摆好可达到意守周身之妙, 意守周身可达到练周身之气之目的。放松摆好有生内劲之妙, 用内劲有运气之妙, 运气有练气之妙。这样可产生内气鼓荡、身体有物之微妙功感。松是运气的条件, 放松越好, 气的运动就愈好, 增长功力就越快, 放松可培养出内劲。反之, 如用力, 则身必发紧, 影响气的运动。但松不可瘫软，瘫软必然会泄劲，所以要求松不可泄劲。

二是体静可生动。放松摆好，可达到体静之目的。静可生动，这个动是气之动，也就是静可生气、得浑圆之气。

三、浑圆桩练功方法

（一）意道：摆好动作，意用于放松摆好，内动时要注意放松，哪里动哪里就松，不控制自然之动。用意宜轻不宜重、不宜求松，求松反而易执着于松。注意放松摆好，不要错认为摆好放松，那样易执着于松。放松中自然会去拙劲、生内力、达到不言力而有力之效果。放松中自然有调气、调形、守形之妙境。

放松可使肌肉关节处处张开，通周身之经络，可使气机启动、内气鼓荡。放松不可求松，执着于松，做到松就可。放松包括肌肉放松、内脏放松、精神放松。肌肉放松达到肌肉如衣之状态。放松有利于入静，可以帮助入静，入静可以进一步放松。初级站桩时的放松就是一个卸掉拙力、产生内劲的换劲过程。

放松有利于力本能恰好的应用，放松站好可做到意守周身之妙，意守周身可使形神合一，形神合一是一种气功的状态可达到练气化神之功效。放松站好，可自然而然地去掉拙劲，用内力使不言力而有力，放松摆好，摆好是对形的要求，意自然而然会用于形。意用于形达到恰好的意守周身之目的，意守周身自然达到练周身之气目的。要知守形有生气之妙，这样就达到生气之目的，气有生增。这就是形神合一之妙处。

桩功产生自然之动是以后试力的基础，对应了拳由桩中生和无极生太极的道理。习练者不可直接守形，要不意守周身、或守点和用于动作等，直接守形就易执着于形，执着于形就易产生气滞、逼气和气血上涌等现象。执着己身永无是处，离开己身无物可求。放松摆好可使练者恰好地进入静的状态，静可达到练气养神、性命双修之功效。

（二）气道。自然呼吸练久了，功夫上身了可自然形成腹式呼吸，到达呼吸精气之妙境。

（三）动作分解。动作分站、坐、卧三种练法。练功效果一般来讲卧不如坐、坐不如站。一般不用卧式练，卧式练易不知不觉睡着了。如累了也可先卧着、坐着练会，再站着练。

浑圆桩为不定势练法，练功的开始以双抱式进入练的状态，随着内气的运动，形要随着内气的运动而变化。运动变化停止后，可随三个基本动作调整站好，内动时要注意放松。动作变化中，还会自然产生独立桩动作。

（四）劲道。不可用力，内动时要注意放松，放松有利于气之运动和入静。

（五）练功要领。守形阶段，讲形神合一，主要是练气、讲气化、讲练气化神。此时主要是注意不宜追求功感，此桩在不知不觉中使练者长功夫。形要练到动作标准和放松，形成本能，再练此步功法。

四、浑圆桩练功中的功感

(一) 在气的方面, 有身体有物之感, 物也就是气。内气通过内里和经络的运行而产生, 节节贯通, 周身鼓荡。周身鼓荡分内里的内气鼓荡和四肢经络的内气运动, 内气鼓荡是长功夫的现象, 很为可贵。

(二) 在动的方面, 主要是丹田气会产生内动。腹式呼吸时, 丹田内动感觉明显, 双肾会产生鼓荡。功感好时, 会有气罩起来的感觉。随着内气的增加, 身体会产生内劲鼓荡的感觉, 往往会在步下开始产生开合劲的运动, 小腿里会产生内劲之运动。

当产生内动时, 越站到后面越舒适得力, 周身内劲充实, 内气鼓荡, 练后会感到精神饱满、气力倍增。呼吸精气, 可感到丹田内气之动和腹式的呼吸。练到周身贯气时, 站桩的力已不完全靠腿去支撑, 周身之气会产生对身体浮力, 就好比人站在水里一样。

(三) 在静的方面, 练者时常能进入静的状态, 但很难达到极静的状态, 也就是物我两忘的境界。但动与静的状态, 都是自然达到的, 不可强求, 强求什么就易执着于什么, 而影响正常练功的效果。

浑圆桩站到一定的境界可周身贯通、浑圆一气、内外呼应。内外呼应也就是身体之气与宇宙浩然之气相为呼应天人合一首先是气的合一, 所以说浑圆桩是虚无桩的基础。

第七节 虚无桩功练法

虚无桩是练忘的功夫,可以使习练者达到物我两忘之境界,是站桩的最高层级。

一、虚无桩概述

虚无桩讲守神,守神可养气,气由养而增,守神可进入天人合一之气功态,守神处在练神还虚阶段,是练身外生气之功夫,主要是通过静化向虚无转化。入静也就是守神的方法。养气有丹田气和浑圆桩为基础,效果更佳。

守神的方法就是入静,入静练到神不外溢,神不外溢练到精神内守,精神内守练到独立守神,独立守神练到物我两忘,物我两忘练到天人合一。

天人合一通过了一个静化的过程,即从不静到静、从静到极静的过程。极静也就是进入虚的状态,以虚入道。中国哲学中虚指无、空;入道,也就是得道,道在此可称为高功夫。

此桩功夫讲忘,也就是进入物我两忘的极静状态,进入天人合一的高级气功态,此状态可在性命双 、练气养神、自身修炼的同时,练出身外生气的高功夫,并能得到一些特异的功能。这也是众多修炼者追求和梦想的目标。当人练到身外生气阶段,人体之气会和宇宙之气呼应而鼓荡,也就是天人气的合一,天人合一最重要的体现之一是合于气。当人练到进入极静状态时,人可融于宇宙,达到天人合一、也就是高级的气功状态。

守神也是守舍,守舍就是神不离舍,神不离舍可进入物我两忘的状态,也就是极静的状态。

守神是指守元神,当练者进入极静时,就进入守元神的状态。

练神还虚,虚就是无、空,也就是内无身心、外无世界的极静状态,达到物我两忘的境界。在极静的状态下,练者可进入天人合一状态。天人合一为高级气功态,指人能融于宇宙、能与宇宙相通。

二、虚无桩的增气原理

虚无桩在增气方面主要指一是意静,二是体静。

意静有守神之妙,守神有养气之妙,气有养而增(静又有守形之妙,当你进入静中可体会到守形之奥妙)。故道家讲的无、佛家讲的空、儒家讲的虚为气功高的境界。以虚入道就是在极静的、天人合一的状态中得道,得道也就是指在此状态中可得到高的功夫。虚无桩主要通过一个从杂念不生到静、从静到极静的过程。

切记:练功的静,是意用于静,不是什么都不想像石头一样的空静,也不是用意入静的静。用意入静的静,易执着于静,而形成昏沉的静,这些静都是不对的。

体静可生动,这个动是气之动。静可生动,也就是静可生气,气由养而增。静又是一种养的方法,包含生气、养气、得浑圆气之道理。

三、虚无桩的练法

（一）意道。摆好动作，意用于入静摆好，内动时要注意放松，哪里动哪里松，不控制自然之动。不宜求静，求静反而易执着于静。切记不可意用于摆好入静，那样易执着于静、失去独立之意。独立守神，失去独立也就是失去形。桩功讲："离开己身无物可求，执着己身一无是处。""离开己身无物可求"，物是指气，无物可求就是无练气之作用；反之，"执着己身一无是处"指没有任何益处。要知入静是独立守神的方法，独立守神是修炼高级功夫的方法。

切记，入静摆好，执着于静就会产生昏沉的静，就会形成失去意识的现象。静要力求自然方合理。

注意用意宜轻宜重。收势、意守丹田、自然呼吸等呼吸恢复自然就结束用意。要知意用于入静摆好，看外不动即内气在动，静极生动，外静内动，静中有动，要知不动的动，方是真正的动，方是生生不已之动。看主观意识静，显意识静即潜意识在动，所以静可致远、静可开悟、静可开慧。心静自然，静可净心，神藏于心，养神首先要静心，心静方可调神养神。

守神，也就是守适。守适使意识不用于外，静可做到意不外用。要知意不用于外与意用于外之区别，是可通过意用于外体会到，当你意用于外，神就出适了。如意用于丹田或外景物，静方可做到神不外溢、精神内守。静进入极静的状态时，即进入守神的状态，也就是守元神状态。极静状态，是物我两忘的境界，也就是达到内无身心、外无世界之境。静又可体会到身体的微妙变化，静又可生慧、开悟、产生一些特异功能。要知形不动为外静、意不动为内静。静是练功中的一种现象,也是练功的一种境界。气化到静化,形神合一到天人合一,需要一个自然逐步形成的过程。

守住神, 无杂念。通过意识力从小到大的过程, 意识力自然逐步地增加,杂念会逐步减少, 到无杂念时, 也就守住了神。意识力的增加是练功中自然形成的 , 不是强求的, 不是有意用意识力、意识力就大。

练功无杂念, 无杂念方可达到静的效果, 静化到内无身心、外无世界就达到物我两忘的极静状态。整个人融于宇宙、达到天人合一的功态,也就进入了高级的气功状态。此状态可练出身外生气之功夫,身外生气也就是身体以外产生气场,是内功的最高级现象,此时人体之气与宇宙之气相呼应。所以天人合一首先是气的合一, 使整个人融于宇宙, 达到真正天人合一的功态。

(二)气道。气道为自然呼吸,一般以形成腹式呼吸、达到呼吸精气之目的。

(三) 力道。用意不用力。

(四)动作分解。动作分站、坐、卧三种练法,按练功效果来讲,卧不如坐, 不如坐站。

虚无桩也为不定势练法,练功的开始也以双抱式进入练的状态,形要随着内气的运动而变化。运动变化停止后,可随三个基本动作调整站好,内动时要注意放松。这与养身桩动作要求基本是一样的。

(五)练功要领。虚无桩是守神中自然进入静中,不可求静。站桩时要心无所求,不可追求功感或功效,因为追求什么就会执着于什么。不可直接入静,直接入静会形成执着于静,执着于静易产生意紧、昏沉无力和泄力的现象。

四、虚无桩练功中的功感

一是在气的方面,此时可得身外生气,气已化光,光光共振,使人有光在动的感觉。

二是在动的方面,此时多是在不动的动中,不动的动也就是外不动内动。

三是在静的方面,可从静中进入极静的状态中、空的状态中。进入极静的状态中,就达到守神的目的(这个神指元神),也就达到天人合一的状态,即高级的气功。

当进入静态中时,大脑很舒服,并且能感觉到外边的动静和身体的变化;;进入极静的、空的状态中,感觉会有变化,即时间有缩短的感觉,如站一小时感觉好像站几十分钟。当进入空的状态时,也说明练者有了一定的意识力,练到高境界可物我两忘、身外生气。

第八节 松动内功

一、松动内功概述

松动内功是桩功的辅助动功,可配合桩功来练,静动结合,相互促进。桩功是静中生动,桩功辅助动功就是动的延续、是继续桩功的功法。不同阶段的桩功,其桩功辅助动功的境界也不同。一个是静的,放松摆好;一个是动的,放松练拳。一个是养气的练法,一个是练气的练法。气由养而增,由练而知,所以说练养结合方是内功修炼之大道。练桩功的辅助动功如有活架的基础为好,有变架的基础更好。

二、松动内功的练法

辅助动功主要是运动周身之气,练气在周身之运动,从而得到运气练气之目的,促进不同阶段桩功的功力增长,起到恰到好处的辅助功效。

(一)意道。意用于放松练拳,不用想着练拳的动作,而是本能自然的运动。注意不要错认为用意放松练拳,那是不一样的。练拳时不用想着练拳的动作,是本能自然的运动,而放松掌握不到位地练拳,身体易紧,体紧就会影响气的运动。

练功时会产生内气鼓荡、气血川流、与大气鼓荡相呼应融为一体的功感。感觉象在空气中游泳,非常舒适得力,其妙无穷。高级阶段还会产生嘶嘶有声的现象,嘶嘶有声是气在身体的筋骨中运动产生的声音。

(二)气道。自然呼吸。

(三)劲道。用意不用力,运动时会有舒适得力的感觉。

（四）动作分解。手的运动、腿的运动、步的运动都是自然产生的。不用想着练拳的动作，而是本能自然地运动。

（五）动作要领。动作要求连绵不断，均整自如，宜慢不宜快。

（六）功法效应。有加快和进一步修炼内气，使节节贯通、气达浑圆的作用。

通过桩功辅助动功的练习，使身体内气运动自如、内气贯通。

第九节 习练桩功的注意事项

练习桩功一般是不会出现偏差的。通常来讲，在练习时只要感觉协调平衡、不憋气、不过于紧张，都是正常的，可以坚持练下去。按照练功的具体要求练，让各种感觉自然而然地形成、自然而然地消失，这样才能把功夫练好。但在练功初期，由于缺少经验、方法掌握不当或受情绪不稳、身体有病、环境不佳等因素的影响，也会出现一些不适的感觉和情绪。如：情绪波动大，注意力不集中，易受外界干扰，会想着工作、生活上的事情，急躁难耐，心烦意乱，自己觉得站了很长时间，一看表才十几分钟。这些都是正常的现象，切不可畏难而退、半途而废，要按照老师的指导循序渐进地一步步去练，不可心急、三心二意、好高骛远。有什么不理解的，要多请教老师、及时纠正，不要自己乱练，避免走弯路、影响学习进度和效果。

就具体习练桩功而言，有一些注意事项需要把握。

一、站桩功首先要注意对环境的选择。尽可能选择安静、空气新鲜和自己感到舒适安静的地方练功。脸面对的方向没有规定，以感觉舒服就可，外边风大时可到空气好和安静的室内练；如风小也不可身体背着风练，因练功时肌肉是放松的，穴位都是打开的，人背后的穴位多，特别是后脑更怕风吹。冬季在室外练功应防止受凉。

二、练功要有规律性和时间要求。制定好练功的时间，形成规律性和习惯性，这样方有利于功夫的逐步提高。不可想站就站，不想站就停，那样练功效果差，不易练出功夫，更不易坚持下去。

三、随着时间变化，站桩中会产生不同的现象。站桩时间的要求一般是一个小时或一个半小时以上为好。练 20 分钟时一般能产生气感，也就是刚进入练功的状态；练 40 分钟时，一般能产生气之鼓荡，也就是已进入练功的状态；练 60 分钟时，一般能产生最佳的功感，就能进入最佳练功的状态中。需要说明的是，各人的功感来的快慢不一样，产生的功感也不完全一样。

四、站桩时要心无所求，做到练功不求功。如果追求和执着于某一种功感和效果，会不知不觉中练错，或练出副作用。要知道练功需要循序渐进的过程。

五、不可自作聪明，要按照老师教学的课程踏踏实实、一步一步地去练。

六、不要把其它功法与桩功掺合同练，不可今天练一种、明天又练一种。几种功法相互影响或换来换去，会搞得心神不定，影响练功效果。选好功法后,就应潜心练习。

七、现在有些桩功习练者,错误地认为只要平时多站桩,就能练出周身无处不在的爆发力、做到"打人似电击,放人如挂画"等。孰不知,站桩只是功法中的一个部分,如站桩能代替整个功法,那就不用再练丹田、试力、发力了。

八、大多数初学者因无师傅指导,只能在网上学,会因理解错误和掌握不了要领而瞎练;有的虽苦苦站桩却不得进步,原因多在意念应用上。因为外形可以模仿,但正确的意念难以得知,所以说想练内家拳应有老师的言传身教,不宜自学。

九、练功应抛开一些琐事,以免站桩时定不下心而影响练功。

十、练功支持不住时,应强行要求自己尽量多站一会,若实在支持不住,也不要勉强,可休息一下再练。但不可休息时间过长,那样会影响练功的火候和效果。

十一、不可边看电视边站桩,那样定会影响到练功之效果。

十二、不宜自己看书练功,无师傅指导练功易出偏。

十三、饭前过饥不宜练功,饭后休息 20 分钟后练功为好。

十四、在身体有疾病的阶段, 要跟据情况适当合理地掌握练功时间,不宜做大运动量的运动,如病重老人可选卧功、坐功,病轻者可选站立、行走的功法。

十五、疲劳时可先坐着或卧着练一会,调整一下, 感到不累时, 再站着练。

十六、练功也不能过于疲劳。心急求速，日夜不停地多练，也会出问题。气功界有句术语叫火候适度，因此练功不能过火。

十七、练功应肯下功夫，不宜娇气，不宜对效果疑心重重。

十八、多人一起练功，不宜相互聊天，必须保持安静，一个人练功为好。

十九、站桩用意上讲应该做到离开已身、无物可求，执着已身、一无是处。也就是说站桩用意掌握，意不要离开已身，也不可执着已身，这才是正确的用意方法。

二十、站桩功在不同时期会产生不同功感，不可去找感觉，那就会执着于感觉而影响练功。

第十节 练功不适与调整

一、练功中的不适反应

练功中的不适反应一般分为气机紊乱和精神情志障碍两大类，包括由于理解错误不能掌握要领，以及自身心理精神方面的某些缺陷所引起的一些不适。因此，练功者必须在有经验的教功老师指导下进行，不能盲目练功；练功要讲究科学，脚踏实地、循序渐进、切忌迷信；要掌握气功锻炼的要领，切忌盲目乱用意念、以意引气；要安排好练功环

境。

二、练功中不适情况的表现

(一) 由于自觉或不自觉地注意自己的呼吸等, 从而导致胸部发紧、呼吸不畅, 或产生气胸部弊气、胸闷、气短、气上涌现象。

(二) 站桩时有时会出现一手高、一手低; 一边手臂轻灵, 一边手臂麻胀重; 一手热, 一手凉; 一臂保持原位不动, 一臂却不由自主地下沉等现象。

(三) 气浮于上, 易造成气阻胸膈、滞而不通, 出现胸闷、心慌等感觉, 这些也是一些练功者在初期的表现, 如因一侧身体有病所致, 可不加理会, 随着时间的推移或病情的好转, 这些现象可自然而然地消除。

(四) 站桩时气不顺或气结于胸等等, 主要是由于练功中的动不正确、用意重或身体不够松形成的, 要特别注意胸口的放松, 因气最易结于胸口的膻中穴。

三、练功不适状态的调整

练功出现不适情况主要可用放松和意守丹田的方法来调整,如还不见多大好转,可休息几天调整好再练。

有精神障碍倾向者、曾经出现过或现在仍不时出现意识障碍、抑郁或痴呆状态的人不宜练气功,因为练功入静之后, 体内精神的障碍容易被激发,在大脑皮层中形成一个兴奋灶,会使练功者的精神出现异常。

在直系亲属中有患过精神病的人,或练功者本人曾患过诸如精神分裂症、癔病、躁狂性抑郁症者,一般均不宜练气功。

深昏迷、大出血、心脑肾衰竭等危重病人不宜练气功。

第十一节 桩功的习练现象和功感

一、功感和现象的不同可以衡量功夫的高低

形意大成拳桩功习练中功感存在着一定的差异性。在习练形意大成拳的过程中,不同的桩功会产生不同的功感和现象,而不同阶段的桩功产生的功感和现象也是不同的。

功感和现象的不同是衡量自己功夫高低的一种方法和标准。总的来说,站桩现象和功感分为三个阶段:一是力的现象和功感,二是气的现象和功感,三是静的现象和功感。

一般初练者开始站桩往往都会感到单调心烦,耐不住性子,有烦躁的感觉。全身酸痛吃力,身体肌肉会颤抖,尤其腿部会颤抖,这主要是肌肉紧张形成的。还会产生流眼泪、打哈欠、饱嗝、腹鸣、蚁走、放屁等现象。两膀会有贯劲的感觉,周身有上劲的感觉,有时由于肌肉紧张浑身会颤抖、膨胀,手部会有麻、热、胀、重的感觉等现象。例如,

身体感到不自在,局部出现酸痛,特别是两肩尤感强烈,这是因为初练时一时肌肉还放松不下来,使拙力,易把汗憋出来,易产生疲劳。虽然站桩强调放松,但还需要一个形成的阶段,所以说肌肉出现酸痛或酸胀的反应是正常的,随着练功的深入,反应会自行消退。随着时间增加和功夫的深入,练者会由不自然到自然,会越站越顺,越站越得力。当功夫练到感觉浑身有力量、舒适得力、妙趣横生时,练者会感到练功是一种享受,就会长期练下去,使练功成为生活的重要部分。

二、桩功习练中可能出现的现象

(一)站桩产生蚁走感觉,是气血流行表皮所致。

(二)站到自发产生内动,包括扭转、摆动、腹部鼓荡等,开始动作大,后会越来越小。

(三)站到产生舒适得力、精力充沛时,说明内功已经上身,身上有内气已绷起。气贯周身,人才感到舒适得力。

(四)站到不感到累时,说明有内气已绷起、内气有浮力,所以不感到累。

(五)站时产生的身体之气与大气之气呼应时,说明内气已鼓荡。

(六)站到产生肾气鼓荡、背气鼓荡、上下鼓荡的现象时,说明气血运动已达周身。

(七)站到产生腹式呼吸时,可达到呼吸精气之目的。

(八)站时产生两手有时会自然绷起,两手向一起合遇到阻力、向外开有引力时,身体内有内气膨胀感。

(九) 站到上功时,有动感、劲感、气感。丹田和周身都会有鼓荡之现象交错产生。

(十) 站到产生浑圆劲时,浑圆功夫会逐渐提升。

(十一)站到产生整体如一、上下贯通之境界时,也是周身气贯通之时。这时,会产生周身膨胀力,也就是浑圆劲,这就是言力练出的功夫。

(十二)站到产生周身内气鼓荡,气血川流,技击时嘶嘶有声之现象。此时可达到周身无点不弹簧之境界。一触可发人而出。

(十三) 桩功可以改变人的性格,起到修身养性之目的。

(十四) 站到形成气不运自行、力不练自生时,此时内功水平已很高。

三、桩功习练后的功感

桩功的功感共有 17 种,主要包括:1 抖、2 酸、3 痛、4 麻、5 热、6 胀、7 动、8 劲、9 通、10 舒适、11 轻、12 响、13 性、14 忘、15 香、16 色、17 光的感觉。下边分别解释。

(一)抖的感觉。刚开始站桩不久的人,容易出现四肢肌肉颤抖的现象,尤其是腿部颤抖,这主要是肌肉紧张的原因形成的,其后还会出现蚂蚁爬行之痒感,这是气血在表皮运动而产生的感觉,等肌肉放松了、用内劲站就不感到累了。

(二) 酸的感觉。一般初练者都会有肌肉发酸或酸痛的表现,例如身体感到不自在,局部出现酸痛,特别是两肩尤感强烈,这是由局部肌肉紧张造成的。虽然站桩强调放松,但还需要一个最基本的力量保持间架的平衡,因此,站桩初期,往往松紧不能协调一致或者虽然放松了但松不透,所以出现肌肉酸痛或酸胀的反应是正常的,随着练功的深入,肌肉酸痛或酸胀会自然消退。

(三) 痛的感觉。有些疾病患者,练功初期会感到局部疼痛加重。一般来说,这是通过练功后气血冲击病灶的良性反应,符合"痛则不通、通则不痛"的中医原理。坚持练功,"气冲病灶"的反应会越来越弱,最后疾病也得以治愈了,这是正邪相搏而最终正胜邪败的结果。

(四) 麻的感觉。即皮肤发麻,尤其是手掌和脚掌部位感觉强烈,这是气血尚不够流通的正常反应,久之自然消除。练功到一定程度,麻的感觉特别是电麻感是人体生物电的反应,是功力增长的表现。麻的感觉时有时无,有时弱、有时强。

(五) 热的感觉。发热分局部发热和全身发热,开始多会感觉身上某部位有热的现象,一般多会在手上发热,逐步会全身发热,这是气血运行好的现象,但不可有意追求,要任其自然。

(六) 胀的感觉。胀的感觉是气血运行过程中动脉、静脉和毛细血管扩张的正常反应,到了高级阶段会感到周身微胀、极其舒适鼓荡。

(七) 动的感觉。动的感觉也就是气的感觉,因动是有气而产生的,一般 2—3 个月后会产生内动,内动会带动外动。开始动的动作大,随着练功的时间长了,动的动作会逐渐变小。内动的奥妙在产生速动,也就是超速运动。动也就是气动,会出现扭动、摆动、腹部气动、肾气鼓荡等的感觉,这些都是气的运动现象。

站桩中会出现内动,内动又分两种境界。第一种是内动带外动,第二种是内动外不动,是内气在内里运行,这个动是最高级的动。用芗老的话讲"人动不如小动,小动不如不动,不动之动,乃是生生不已之动"。

在习练形意大成拳过程中,静极生动是一种自然的现象。这是指内动,内动可以带外动,就是以内带外,是内家拳根本的运动方式,还会产生各样的动作变换。动又包括身体产生鼓荡现象,如周身贯气、双手绷起、肾气鼓荡等。动会自然形成丹田呼吸,也就是呼吸精气最佳的状态。

(八) 劲的感觉。不同的层次,感觉是不同的,先是局部有上劲感觉,初期会在手上和膀子上上劲。自然自发地产生对立的挣劲和合劲,会在双腿中产生开合劲和内劲的运动,内劲的运动使练者可体会到腿里面在动。随着练功的深入,劲会逐步达于周身、形成整体之劲,也就是产生整体劲感觉,即身体形成整体如一的劲。

(九)通的感觉。要知通指周身内气贯通,像装满袋子的水一样,周身内气有"一动无有不动"之感。周身贯气,得到周身一气,周身一气为浑圆,是练浑圆劲的基础。

(十) 舒适的感觉。练功中心无杂念、内气鼓荡、周身内气贯通,自然会产生内劲，此时站桩一般感觉不到累，练者会有心情愉快、舒适得力、妙趣横生之感。

（十一）轻的感觉。内劲充足，动作敏捷，有身轻如燕之感。

（十二）响的感觉。内气鼓荡时肌肉、内脏、骨骼、关节都有不同的响动，如嘶嘶声、嗡嗡声、啪啪声等。

（十三）性的感觉。心觉恍惚，周身酥绵快乐，阳物勃然举起，似将走泄并不走泄。性觉不同于日常房事中的性快感，性觉是练功者肾气旺盛、性功能增强的表现。练功有素者，行房交媾，往往坚硬而持久，大有欲罢不能、金枪不倒之势，对和谐的性生活大有裨益。但性觉也是极易让人贪恋的，如果贪恋它，引起元精亏伤，则有损功力。

（十四）忘的感觉。也就是物我两忘的状态，是内无身心、外无世界的状态，是极静的状态。进入道家讲的无的状态、佛家讲的空的状态、儒家讲的虚的状态。无论道家、佛家、儒家都把此状态认为是最高级的修炼状态。练功中有时会时常进入忘的状态，进入的越多时间越长越好。但不可有意追求功感。能进入此状态中也说明有了很强的意识力，有了忘却自我、超越时空的感觉。到天人合一的境界时，作为形体存在的那部分空间也就被忘却了，对时间的感觉也缩短了，觉得才练功片刻但看看钟已过去了几小时。时间感的超越往往在练功结束后才发现。自我形体乃至自我意识的活动均已忘却的状态下，时间的知觉自然也不复存在。对时空的超越可以说是在"忘"中完成的，在感觉到"忘"的时候，便超越了时间和空间。忘的状态是天人合一的状态，也就是高级气功的状态。

（十五）香的感觉。身体内部发出种种馨香。

（十六）色的感觉。身体周围出现白、黄、红、黑、蓝、青、紫等多种颜色，尤其出现青、蓝、绿是练成上乘功夫的标志。

（十七）光的感觉。身体有通体透明的感觉，上下四周出现若明若暗的光亮，或者由体内向外发出光束，形成光团、光圈、浑圆光球。

上述功感和现象，通过了一个从不动到动的气化过程、一个从不静到静的静化过程。练到静的高级阶段，可使人进入虚无、空无之境界中，进入高级的天人合一的气功状态中。可以达到清静无为、恬淡虚无、忘我空无之境界，精、气、神不漏。

第十二节 桩功与特异功能

我们认为桩功产生的特异功能是练功中自然产生的，其准确性是主观难以提高的，其稳定性也是主观难以把握的。因为功能的发挥容易受主观意识、人的状态、心理、环境、做功次数等等因素的影响，所以不主张去追求功能，更不主张在现实生活中去应用，实际应用更易受到一些不利因素的影响。越是熟悉的方面，越易受主观意识的影响。

桩功产生的特异功能开始主要表现在预测功能方面显现，如遥感、遥视、遥听。这是高智慧的境界，是潜意识被激活后的直觉反应，比如对未来事情特别敏感、有预见性和预测能力等。遥感甚至能感知

到某人的情绪反应、行为状态和心理活动、未来事情的发生。遥视可见到常人看不到的图像和未来产生的图像。入静中还能够看到自己的脏腑、骨骼和经络系统,这种功能为内视功能,中医学能内视体察人体十二经络和奇经八脉,正如明代医学家李时珍谈到经络起源时所说的"内景隧道,惟返观者能照察之"。遥听可听到身体周围几米、十几米、几十米远的小的声音。预测功能分事后预测和事前预测,事前预测要难于事后预测。

一些科学家试图通过科学的方法来对预测功能进行研究,以证实其是否存在。进行了二十多年对遥视功能的研究证明,任何否认遥视存在的人都不是本着实事求是的态度,究其功能还有许多至今人类依旧无法理解的问题。

步骤之七 劲道（武功之奥妙）

第一节 劲道概述

一、劲的作用

劲是武术中一种独特的技术，这项技术一直在武术界中神秘流传，只有极少数武术家能够真正地掌握其奥妙。我认为武术的奥妙主要是劲的奥妙，劲的奥妙也就是气的奥妙。练武的过程主要是练力、发力、用力的过程，也就是练劲道的过程。

武功的高低主要体现是力量的高低，故"练拳不练功到老一场空"，无论大车碰小车或小车碰大车，小车都会飞出去，这就是力大力小的差距。这也是一接触就决定胜负的情况，说明这劲是决定胜负的根本。

内家拳讲劲来源于气，气来源于桩，讲"劲由气中来，气由桩中生"的道理。内家拳的什么劲就会产生什么形，这是内家拳以内代外之现象。要知不同的劲的修炼方法是不同的，其技击效果也是大不相同的。

劲的不同也说明人的功力、境界的不同。

　　劲的大小直接影响到技术的发挥和速度之快慢,是决定胜负的主要因素。劲不光是应用技击技巧的方法,如何应用劲的本身更为重要。劲不光要会练,还需要会用,需要讲究应用方法和技巧。这样方可在实际的搏斗中体现出高级的技艺。所以说神奇的技艺,是神奇功夫恰好发挥形成的。

　　不同劲的修炼方法,对人体的影响不同。正确的练功方法可易筋易骨、强健身体;反之,不正确的练功方法,伤筋伤骨,重者内脏被练伤,所以说练功要得法。内家拳的劲,使人越练越柔和,练得像婴儿一样柔软;而外家拳力,使人越练越僵硬,练得像铁板一样,很容易练伤。

　　劲主要有长劲、短劲和横劲、竖劲之分,劲的不同,产生的现象和作用也不相同。

二、练劲的方法

　　形意大成拳劲的练法主要有站桩、试力、发力、明劲、暗劲、化劲。

1. 站桩。

　　站桩可养气,气由养而增,力由气中来,气可产生力。并有力由站桩而来、由试力而知、由发力而到、由技击而用之道理。通过长期正确的桩功练习,可以使练者培养出内劲,使练者的劲形成一体,也就是练出整体之劲,这样练者的内气上下贯通,形成浑圆一气,使内气渐增、自然产生运动。这个动通过了一个从不动到小动再到大动、由大动到小动、再到不动这一转化的过程。这个动也就是气动，是以后内劲试力的基础。

2. 试力。

试力是站桩的延续，是在站桩本能产生内动、也就是在内气运动的基础上进行进一步的运动，可使内气运动自如，所以说桩功是试力的基础。这样会形成气以内带外的运动方式，这是以后发力的基础。所以说试力是发力的基础，力由试力而知。形意大成拳试练什么力就发什么劲，试力是为了更好地发力。不同的劲有不同的试力和发力。试力不光有劲的试力，还有步的试力，步的试力是练步下功夫不可缺少的主要功法。试力试好，发力才能发好。试力也属动气功，是练气的方法。试力的特点是用意不用力。

外劲与内劲试力的方式和目的不同，外力的试力主要是为了找劲，而内劲试力主要是为了运气，不同的劲讲不同的试力，形意大成拳既讲力量的试力又讲气的试力。要知道试力通过了一个形成本能的过程，只有形成本能，发力方可发好。试力必须要有发力，不同于暗劲，暗劲是由无力化为有力，无发力之过程，暗劲练出的化劲更为高级。

3. 发力。

发力是在试力形成本能的基础上进行的，没有好的试力，就很难把力发好。发力也需要一个练习的过程，方可逐步把发力掌握好、把力发好。不管是发什么力都要注意放松。只有松，力的传递方顺畅，发出的劲也越大；反之一紧，身体必僵，影响了力在体内的顺畅传导，从而影响了发力的效果，所以发力只谈松、不谈紧，这也是内外家发力要求的不同之处。瞬间爆发是发力的一个主要方法，就是在最短的时间内突然地释放蓄积的力量。不同的发力其方法与要领都有所不同，内劲发力讲意到气到、气到力到、以意领气、以气发力。

形意大成拳的发力方式主要有四种。一是根部发力，步下发力的根在步下，丹田发力的根在丹田。二是梢部发力，以梢节带动周身去发力。三是以点发力，如内圆丹田的发力。四是周身发力，如浑圆发力。

4. 明劲、暗劲、化劲

要知道用力练拳是明劲的练法，所有内劲和外劲发力都是明劲的练法。用意而不用力练拳，是暗劲的练法。意到气到地练拳为化劲练法。

明劲、暗劲、化劲通过了一个从刚到柔、再由柔到刚的转化过程。明劲有撞击力，可伤人筋骨；暗劲有穿透性，可伤人内里，练到高的境界时八面有劲，使敌难以应对；化劲有传导性，如电一般，一触劲便传至全身，可伤人神志。一是明劲。用力练拳为明劲练法，也就是用力发的劲为明劲，是劲的初级阶段。明劲是拳中之刚劲，处于练精化气的阶段，为易筋之功夫。明劲将人身中散乱之气收纳于丹田之内，不偏不倚。明劲多发惯性力。练明劲要求动作上下相连、手足相顾、内外如一。动转要灵巧，起落要整齐一致而不可散乱。明劲虽是初步功夫，但它是拳法的一切招法和劲路的基础，有形于外。此阶段通过锻炼可提高自身的整体素质,增加力量和速度。练其形,壮其体,体坚如铁,形态气势威猛。练明劲也是健身、养生中重要的一环。

拳经云"练形而能坚,练精而能实",这易筋的劲和练精化气之功,是万万不能等闲视之的。

练明劲应先站三体式,站桩自感神气圆满、劲力通达,然后再练拳。开始练时自然发力,等功架定形后,在正确掌握姿势的前提下,在松中出力,发出沉而刚猛之劲。在松中练好刚劲,具有很强的杀伤力。练时要求自然舒和,以不憋气、不使用拙力为要。初习者不能求快,应一招一式地练,这样方可逐步提高功夫。

二是暗劲。用意不用力练拳,为暗劲的练法。练暗劲要以气练拳为基础,否则就产生不了暗劲。此劲意中言力,内里用劲而产生暗劲,无发力。通过了一个从无力到有力的转化过程,为劲的中极阶段。暗劲是拳中之柔劲,处于练气化神阶段,为易骨的功夫。拳中所用之劲,是将形气神合住。练暗劲要以丹田为基础,否则就产生不了暗劲。

练暗劲时将形气意合一,神气舒展不拘束。动作要求舒展圆活而不可停滞。练到至柔至顺谓之柔顺之极处,便是暗劲结束化劲开始之时。练化劲开始的功夫,可使人内气鼓荡、气贯四梢。暗劲的开始与结束的动作并无多大区别,只是劲道的程度不同。

三是化劲。用意练拳是化劲的练法。意到气到、以气运身、内气运行产生的劲为化劲。有内气运行入化劲之理,也就是内里走劲为化劲。化劲即练神还虚洗之功夫也,将暗劲练到至柔至顺,谓之柔顺之极处，这个柔就是松。此劲通过了一个从柔到刚的转化过程，为劲的高级阶段。

意到气到地练拳，为化劲的练法。化劲是拳中柔极生刚之劲，是练神还虚的功夫，也是高级的功夫。易髓的功夫是在暗劲的基础上再加向上一层的功夫。练化劲时周身之运转、起落进退皆不可着力，运用神意练之。化劲是无力中求有力之功夫，从松而无力、转化至松而有力、自然而然产生的内劲爆发，看似在发力，实际无主观的发力。这也是化劲玄妙和高级之处。化劲是内气运行、气至劲生、内里走劲、自然转化的过程，就好比水结成冰。明劲是暗劲的基础，暗劲是化劲的基础。

依据形意大成拳练功的效果，可以将其习练过程分为四个阶段。一是意用于形，练形；二是意用于劲，练劲；三是意用于气，练气；四是意用于意，练虚。与之相对应的，形意大成拳的练拳习练过程也有四种境界，即初级是用力练拳；中级是用气练拳；高级是用意练拳；最高级是无意有意练拳。所以形意拳经讲：拳无拳、意无意、无意之中是真意。又讲：有形有意都是假，拳到无心方见奇。习练者练至精深的程度，与人相搏会感到得心应手。古往今来，练至化劲者不多见，正可谓练者如牛毛，成者是麟角！

三、九大劲道的练法概述

九大劲道的练法主要有合劲、挣劲、整体劲、跟劲、内里劲、内圆劲、空透劲、内整劲、浑圆劲，都是一步一步上升、一环套一环的。合

劲、挣劲、整体劲、跟劲为练外劲阶段,主要是要恰好地去发挥肢体和肌肉的力量。内里劲、内圆劲、空透劲、内整劲、浑圆劲为练内劲阶段,主要是以意练气、以气发力和产生力。传统武术中,把人体的筋骨皮等有形的东西当成了外在的东西,把精气神等无形的东西当成了内在的东西,对人体进行总体划分,于是有了"外练筋骨皮,内练一口气"或"外练筋骨皮,内练精气神"的说法。下面具体阐述各种劲道的习练方式。

第二节 合劲试力和发力的练法

合劲是其他劲道的基础,讲内外三合。内三合指心与意合、意与气合、气与力合;外三合指手与脚合、肘与膝合、肩与胯合。合劲主要是练外三合之劲,外三合是内三合的基础。外三合劲是练好手、脚、劲三而合一,是其他劲的基础,所以不可忽视。

一、合劲试力练法

(一)意道:练定架试力时注意自己手脚合一,讲手到脚到。合劲,动作要先合。

(二)气道:自然呼吸,也就是平常状态的呼吸运动。

(三)劲道:用意不用力。不用力,指全身放松、毫无拙力、不使肌肉紧张。

(四)动作分解:主要以五形拳和虎形来练,五形就是劈、钻、崩、炮、横的练习，虎形是以虎扑、虎托、虎撞钟来练习。

（五）功法效应——主要是把手脚形成合一，讲手到脚到、动作一致。

二、合劲发力的练法

（一）意道：发力是在试力练到形成本能的基础上进行的，意用于发合劲，但不要求力，要注意放松，这样劲方不僵，方可打出手与脚合一。开始先练定架发力，发力时注意自己手、脚、力合一，发力不要大，先用小力去找感觉，然后再放开发。

（二）气道：自然呼吸，也就是正常生活状态中的呼吸运动。

（三）劲道：发力时不可一出手就发力，也就是不可过早发力，过早发力劲就老了。发力要脆，做到手与脚合、肘与膝合、肩与胯合。

（四）动作分解：主要是做到手到脚到，手脚劲力合一，这样方可逐渐打好合劲。

（五）功法效应：合劲是后边劲的基础，打好合劲很重要。要想真正地打好合劲，必须要一个练习的过程，方可逐步掌握、形成本能。

（六）技击作用——合劲是手到与脚到之劲。形意拳讲究脚打、踩意不落空，要求手脚齐到后再出手进攻对手，踩着敌方的小腿至脚，踩腿极其隐蔽，会使对方防不胜防。如果对方抬腿防踩，上身就落空了，即造成空挡，练者便有可乘之机打击对方。

第三节 挣劲试力和发力的练法

挣力讲力不出尖, 也就是力不是向一个方向运动的。挣力是同一运动轨迹上的相反作用力, 这种力可保持好身体平衡, 使人发力时不易失重。力向一个方向运动人就会失重, 即会失去平衡。我们用一个形象的比喻来理解挣力, 用双手使劲拉开一根皮带, 这就是挣力的运用。挣力不同于站桩的开合劲, 开合劲是一种相对的劲, 挣力是一种相反的力。

一、挣劲试力练法

(一)意道——意用于各种挣力, 用意不可用力。比如劈拳挣力、出劈拳, 劈拳与身体和后手要有挣力; 虎扑挣力, 出虎扑与身体要有挣力; 踢腿法挣力, 踢出腿与站立腿要有挣力等。

(二)气道——自然呼吸, 也就是正常生活状态中的呼吸运动。

(三)劲道——用意不用力。不用力, 指全身放松、毫无拙力, 不使肌肉用力。发出劲道要无有不挣, 如练劈拳, 不光是两手要有挣力, 全身也要有挣力, 身体各处都可找到挣力, 也就是无处不挣力了。

(四)动作分解——开始用单个动作来试力, 也可用单个动作进行挣力, 亦可随意组合动作进行试力。

(五)功法效应——挣力试力, 手法和腿法都可试力练习。挣力试力是相反作用的力, 可使发力中保持身体平衡而不失去中心。

二、挣劲的发力练法

(一) 意道：挣劲发力，是在掌握试力、形成本能的基础上，意用于发挣力。先是定势发，后可不定势发，然后可随意用什么动作去发，直到熟练掌握本能的各种挣劲发力。

(二) 气道：自然呼吸，也就是正常生活状态中的呼吸运动。

(三) 劲道：自然发力，但不求力，求力易执着于力，并要注意放松。

(四) 动作分解：可用单个动作进行发力练习，也可用各种单个动作进行挣力发力，也可随意组合动作进行发力。

(五) 功法效应——挣力发力手法和腿法都可发力练。挣力试力是种相反作用的力，可使发力中保持身体平衡，而不失去中心。

(六) 技击作用：挣劲是种相对的力，也就是方向相争的发力，也是力道中必须培养的基本发力。在技击中，可做到力不出尖，也就是能在发力时候保持身体平衡，不易给对方借力反击的机会，同时为以后发力的平衡打下基础。

第四节　整体劲试力和发力的练法

整体劲要以站桩中静练出的整劲为基础,然后再练动的整体劲试力, 发力效果更好。

整体力是一种打击力很强的技击力我们来做一个打沙包的练习,

站到沙包前,将手抬到合适的打击位置,然后手臂不动、身体向前、以身催手打击沙包,这就是整体力。通过老师用手推你去打沙包,也可让你从中体会到整体力的感觉。整体力不同于合劲,它是恰好地运用全身的力量去技击对手,这个力量不太好把握,很多人习练功夫很久,也未必能完全理解、掌握、运用自如,有的练者还把合劲当整体力。

一、整体劲试力练法

(一) 意道: 意用于各种整体试力, 用意不可用力, 整体试力一开始不太好掌握。应该理解整体试力的理论, 从感悟理论中去体认, 逐步掌握其要领。整体试力时, 身体像锤子、手像钉子、以身体带动手发力, 也可通过打沙袋来找整体试力之劲。

(二) 气道——自然呼吸。

(三) 劲道——用意不用力, 并要注意放松。

(四) 动作分解——可用各种单个动作进行试力。

(五) 功法效应——整体试力主要是用手法的试力, 以身带手, 掌握身体的整体之劲。

二、整体劲发力练法

(一) 意道——整体发力是在掌握整体试力的基础上进行的,意用于发整体力,可先定势发力,再不定势发力,这样更容易掌握发力之要领。

（二）气道：自然呼吸。

（三）劲道：自然发力，但不求力，求力易执着于力，并要注意放松。

（四）动作分解：开始可用单个动作进行整体发力练习，也可用各种单个动作进行发力，还可随意组合动作进行发力。

（五）功法效应：整体发力打击力大、容易上手。打人不光撞击力大，被击人也容易被打出去。它主要是用于手法的发力。

（六）技击作用：就是整体劲的恰好发挥。此劲如以整体桩站出的整体劲为基础，则发出的整体劲更大，打击力更强。

第五节 根劲 试力和发力的练法

根部发力是在合劲、挣劲、整体劲的基础上试力和发力，这样方可掌握和打出真正的根劲。

根部发力是通过脚掌对地面的蹬力、利用地面对人体的反作用力为传导、通过力的作用点带动身体的力，把劲发出。

一、根劲试力的练法

（一）意道：根部指脚下，意用于根部发力，讲力与后脚合。用意不可用力。要找脚下根部的力，直到掌握和形成本能。

（二）气道：自然呼吸。

（三）劲道：用意不用力，身体要注意放松。

（四）动作分解：可用各种单个动作进行根部试力。

（五）功法效应：根力试力时，手法和腿法都可以试。腿法的试力，是一种重要的、独特的腿上练功方法。

二、根劲的发力练法

根部发力有合劲、挣劲、整体劲的基础，在发力中自然会带进合劲、挣劲、整体劲的共同发挥，所以劲更大。

根部发力是后脚下踩和前蹬催动整体之动的发力，发力瞬间要注意用后脚掌下踩前蹬，充分利用蹬地的反作用力去催动整体。

根力发力手、腿都可发，特别是腿部发力、很少人会，腿部发力亦有用腹部力量发的。

（一）意道：根部发力是在掌握根部试力的基础上进行的，意用于发根部力，先可定势发力，后再不定势发力，这样更容易掌握发力之要领，

（二）气道：自然呼吸。

（三）劲道：发力时注意身体放松。身体放松，力在体内的传导顺畅，传导越顺畅打出的拳劲就越大；反之，身体一紧、劲一僵，反而阻碍了力的顺畅传导，力越发不出了。

（四）动作分解：开始可用单个动作进行根部发力练习，也可用各种单个动作进行根部发力，还可随意组合动作进行发力。

（五）功法效应：根部发力是通过脚下用力对地的反作用力，贯穿

到周身, 打出的巨大的惯性力。

(六) 技击作用: 根部发力冲击力大, 很容易就能把人打出去, 被击打的人往往难以承受。在根部发力中自然带进了合劲、挣劲、整体劲的共同发挥, 所以打击的劲更大。

第六节 内里劲试力和发力的练法

内里劲试力不言力, 言动。内里劲是以丹田气为基础的内劲, 主要有内里爆发劲和内里翻转劲两种练法。内里爆发劲是丹田发劲的方法, 内里翻转劲是丹田翻转发劲的方法, 主要都是练丹田发劲的功夫。

内里劲是迈入内劲的重要一步, 是以后进入更高内劲的基础。此劲不求奇异之形、惊人之式, 而是以修内劲为宗旨、求高深之内功。内气出入丹田, 形成内外合一之整劲, 发出内劲。此劲发放出去威力大又不伤练者身体。

一、内里爆发劲的试力和发力

(一) 内里爆发劲的试力练法

意道: 内里劲试力是试丹田和身体内劲的力, 试力是用意不用力。试力时要注意放松。

内里劲试力以桩功内动为基础, 静中生动, 是动的延续。内里试力又称为浑圆功。

（二）内里爆发劲的发力练法

意道: 内里劲发力是发丹田劲的力, 发力时不可求力, 但不控制自然产生的力。求力易执着于力, 影响正确发力的练习。

二、内里翻转劲的试力和发力

内里翻转劲是进一步发挥丹田功夫的发劲方法, 以丹田翻转的方式发劲, 比内里爆发的劲更猛更大。

内里翻转劲转的多为立圆, 走的是竖劲, 是一种以脊背蓄劲引导丹田发劲的方法, 又称为脊背发力。有些武功中把脊背发力传得很神奇, 因为一般武功很少用真正丹田的功夫。

脊背蓄劲引导丹田翻转, 是丹田翻转发的力。但这必需要以丹田和内里劲为基础, 才好做到以外带内。

造成内里翻转劲的现象, 原因一是蓄全身劲; 二是练到一定程度发力, 丹田气自然会产生下沉 (下丢), 即力由丹田而发; 三是其发力的特点特殊、劲长、动作大。注意脊背发力不同于腰发力。

（一）内里翻转劲试力的练法

意道: 内里翻转劲试力是试丹田翻转的力, 试力是用意不用力, 要注意放松。

内里翻转劲试力是以内里爆发劲为基础的, 这样练者方可理解和进入内里翻转劲试力的练习, 方可掌握内里翻转劲试力的方法。

（二）内里翻转劲发力的练法：

1.意道：内里翻转劲发力是发丹田翻转的力，发力不可求力，但不控制自然产生的力。

2.气道：为腹式自然呼吸。

3.劲道：发力不求力，但不控制自然之力。发内里力开始力不大不顺，以后劲逐步越发越大、越发越顺。发力不求力，开始不要连发，要一阴一阳地发，也就是要有蓄而发，然后慢慢地再连发。

此发力打出的劲整而冲击性强。发力自然会产生气存丹田而发之的现象，也就是产生丹田蓄发之现象，所以通丹田便可发内里劲。

4.动作分解：自由发力，不考虑动作，这样逐渐容易发出丹田的力，逐步发出各种动作力。

5.功法效应：内里劲是进入内劲的第一步，也是最关健的一步，内里劲是以后练习内圆劲、空透劲、内整劲、浑圆劲的基础。丹田气又是内里功的基础，没有丹田气就无法进行内里劲的练习。丹田气通是内功的基础，是练内劲的功夫。

6.技击作用：内里劲是以气练拳的第一劲道，此时已脱离了以力练拳的阶段，是以气发力的阶段。在实战中，劲道比肌肉松紧发力明显要大得多，杀伤力自然也大得多。此内劲在变化上比拙劲灵活得多，也快得多。气与力的内在运动，旁人是看不见的，只有自己能体会到，这也是以气发力的玄妙之处。

第七节　内圆劲试力和发力的练法

内圆劲是丹田走圆之劲,内圆的特点是讲内里走圆、处走化劲、发力弹抖。内圆主要有化劲和弹抖劲两种。化劲主要用于(连手)推手、摔法、拿法,弹抖劲主要用于打击对手。高水平的化劲,可无处不走圆、一触即失;高水平的弹抖劲,可无处不弹、一触即发。

内圆劲试力不言力而言动,这个动就是丹田气的运动,通过了一个从根节到梢节的过程。内圆是以丹田气、内里劲为基础的,内圆劲是由点到周身,也就是无处不走圆。从点到面是练力的进展规律,内圆劲转的多为横圆、走的是横劲。

内圆劲是太极之劲,圆之形是由劲而产生的。有试力,好比太极一路;有发力,好比太极二路。讲以气运身、内不动外不动。

化劲是从丹田走圆到身体走圆、四肢走圆、最后到无处不走圆。

弹抖劲先是在身上,后是到梢节,最后是周身无处不可弹。

讲究内不动,外不动,以内带外。这个运动不光是丹田运动,还是从丹田到周身产生浑圆之劲,达到周身无处不丹田,也就是周身无处不弹簧、周身无处不是手。

内圆运动的速度很快,内里动一点,外围可动一遍。这也是内圆劲在对抗时,使对方难以应对的奥妙之一。

一、内圆劲试力的练法

(一)意道: 内圆劲试力是试丹田运转的力, 试力时用意不用力, 是以丹田内里劲为基础的。试力时要注意身体的放松, 这样方可理解和练习内圆劲试力、掌握内圆劲试力的方法。

内圆劲试力动作的快慢和变化是随丹田运动而运动的, 也就是以内带外, 要做到内不动则外不动。练到丹田气充足、可与周身之气节节贯通, 就进入了无处不丹田之高级境界。

初学试力, 形还往往丢不掉, 不能真正做到以内带外。

内圆试力以内带外, 形成太极态之动作, 其动作是随内动而自然产生的, 象八卦内功产生的变化一样, 当然这是没有内功的人无法理解的。随内而动, 变化逐步增多, 最终形成太极态, 这也是太极动作之奥妙。无内运动的动作, 人们称之为空架子。

内圆试力与最古老的太极劲是不谋而合的。无极生太极、站桩生试力, 试力和原古太极拳一样, 是由内自发的运动。内圆试力无固定招式, 更无套路, 属气功态运动, 以内带外。太极态是动作自发本能地做到了内外合一, 一些动作与现在的太极动作相似。现代太极拳是在古老的太极功架的基础上形成产生的。可惜有些太极只美化了外形, 形成空架子, 失去了内里的东西, 即真正的内功。

(二)气道: 自然呼吸。

(三)劲道: 用意不用力, 内动时要注意放松, 松是内气运动的条件, 所以知道如何放松很重要。

(四)动作分解——分定步试力和活步试力两种。内圆试力之动作, 是内圆力以内带外、形成太极态之动作, 其动作是随内动而自然产生的, 象八卦内功产生变化的一样, 这是根节带梢节的力, 是向心力。

内圆试力与最古老的太极劲不谋而合, 无极生太极, 站桩生试力, 试力和原古太极拳一样, 像自发功似的。太极态无固定招式, 更无套路, 属气功态运动, 以内带外, 自发的动作做到了内外合一, 一些动作与现在的太极动作是相似的, 这是现代太极拳从古老太极现象中总结出来形成的。

(五) 功法效应: 内圆试力是发力的基础, 只有练好试力, 方可把劲发好。所以内圆试力一定要练到丹田运转形成本能时, 方可练下一步发力。

二、内圆劲发力的练法

内圆劲发力, 也称为太极之一, 是形意大成拳发力最为得意之处。

(一) 意道: 内圆劲发力, 是丹田运转的发力方法, 但不可求力、注意放松, 因为松是内家拳发力的主要要领。

(二) 气道: 为自然形成的腹式呼吸。

(三) 劲道: 不可求力, 注意放松。松是内家拳发力的主要要领。内气发力是练丹田, 使之能像袋子里的水一样任意运动, 这才能说明内圆劲发的自如了。

内圆劲的特点:

一是内里走圆、外走化劲、发力弹抖, 也就是太极拳所讲的内里走螺旋、外形走缠丝发力弹抖。

二是内圆劲为内气之运动，发力时中心稳、气为下沉、气不上涌、脸不红、心不跳。

三是内圆劲可做到无处不发，有周身无处不弹簧之妙。

四是用弹抖劲打人，有向上抛起的现象，故有打人如挂画之美誉。

五是练到梢部发力时，丹田会自然沉下去，丹田劲会自然传递到梢节。

六是内圆试力和内圆发力有练丹田气之作用，主要是发丹田运转之劲，后达于周身；同时又练丹田之气即动气功。

(四) 动作分解：分定步发力和活步发力两种。

(五) 功法效应：化劲有四两拨千斤之特点，为内圆；弹抖劲可发人而出，这也是内圆的两大特点。

(六) 内圆劲的技击特点：为化中打、借力打力、变化巧妙。打人时往往使对方不知其所以然，对方一接触就会有失重之感，中心难以保持平衡。对方被打出时，被抛起跌落。

内圆劲讲内里走圆、外走化劲、发力弹抖。化劲多用于防守，弹抖劲多用于进攻。当然化中也有打的作用，故为化中打。此劲用于连手(也就是推手)、摔法、拿法更为精妙，更为神奇。当化劲上身时，推手水平会上升到一个很高的层次。

内圆劲先是丹田走圆，其后慢慢可达于周身，最后无处不走圆。这也就是无处不可化的境界，同时也达到无处不可发的境界。无处不可发达到周身无处不弹簧的境界。练到挨着何处何处化、挨着何处何处发的"点发"阶段，就是内圆劲的高级技击境界，也可以说练就了一身绝招。

第八节 空透劲试力和发力的练法

空透劲是一种发内劲的高级发力方法，其特点是具有穿透性、可伤及人的内脏、使被击者产生内伤；其他一些抗击打功夫对空透劲没什么作用，因为打出空透劲，接触身体没有什么反作用力，劲可直接穿透进体内。被击打的人会感到穿透劲进入体内、打到内脏和打入骨子里面。打对方身体会伤其内脏，打对方四肢有入骨麻痛难忍之感。如果练者练到周身贯气、内气鼓荡、气血川流时，空透劲更能发出强大的穿透力，这也是内家拳打人会打出内伤的奥妙所在。

空透劲试力不言力、言动，是内家拳用意发气之内劲的方法，也是内家拳主要的发力奥妙之一。

空透劲是以内里劲为基础的，有内里劲为基础就可以练空透劲，当然有内圆劲作为基础，效果会更好。

一、空透劲试力的练法

(一) 意道：是试身体内气的运动之劲，试力是用意不用力。试力时要注意放松，放松不好的话，练拳体易紧，体紧气易产生上涌。通过试力使内气节节贯通,内气贯通试力时会内气鼓荡、气血川流,有和大气鼓荡相应并融为一体的功感。这时感觉像在空气中游泳,非常舒适得力、其妙无穷;还会产生嘶嘶有声的现象,是气在身体运动中筋骨产生的声音。

丹田之劲是内劲的根本,没有丹田劲试力是发不出内劲的。

(二) 气道:自然呼吸。

(三) 劲道:用意不用力,运动时会有舒适得力之感。

(四) 动作分解:定势和不定势都可练,定势虎扑和劈拳可多练。不用想着练拳的动作,而是本能自然地运动,快慢自然。

(五) 功法效应:通过试力使身体的内劲运动自如、节节贯通。如果试力练到周身贯气、内气鼓荡、气血川流时,更能发出强大的穿透力。练此试力,可感到极为舒服、处于轻松愉快的状态中,这也就是说进入了动气功状态中练内功,使习练者达到畅通内气、养气血、健壮体魄、精满神旺、气充劲足、祛百病的健康状态。

二、空透劲发力的练法

(一) 意道:发身体内气的劲,一般开始时发双劈和单劈的劲,易找到劲路,熟练后五形等手法都可以练,都可发出劲来。此发力具有内气发力的特点,可发出强大的内力,并具有强大的穿透性,可打出很强的穿透劲。空透劲有内家拳气和意发力的特点,讲意到气随、气到力到,反之用力气必滞,气滞力必断。

（二）气道：自然呼吸。

（三）劲道：用意不用力，并要注意放松。

（四）动作分解：定势和不定势都可练，定势虎朴和劈拳可多练。

（五）功法效应：此劲需要有内里劲为基础方可练好。发出劲像气球炸开一样，有气喷出的感觉。

空透劲以空透试力为基础，试力练好，发力方可发好。练习时会感到周身贯气、内气鼓荡、气像水一样的涌动，力达四梢、气血川流，会产生嘶嘶有声的现象，可感到力无处不到，身体极为舒适得力，这就是自身武功精深的状态。此时打击穿透性强、速度超快、动作灵活多变。

（六）技击作用：此劲很是快速猛烈、打击穿透性强、无什么反作用力，劲可直接打入对方的体内，所以一般抗击打的功夫，对此劲没什么抗击效果。用此劲打人极易使对手伤筋断骨或内脏淤血、出血，被击打的人会有钻心入骨之痛。因此，针对不同的人，在技击时出手要注意把握轻重。

第九节 内整劲暗劲和化劲的练法

内整劲分暗劲练法和化劲练法，通过暗劲到化劲练习的过程，形成真正内外合一、周身内气贯通之劲。先修炼到由丹田通到周身的精深武功的阶段，再用此劲发力时无须试力，是无发力而产生高级内劲的功夫。

言力主要是练筋骨之力，处于暗劲练法阶段。练力从无到有，后产生暗劲, 再练化劲。

言气主要是练气之运化, 处于化劲练法阶段。练气从柔到刚, 通过柔极生刚而入化劲。

内整暗劲是梢节领劲之劲、意到力到之劲, 是硬度很强、力度很大、对方难以化解之劲。一旦用此劲, 就像用烧红的铁块一般。

内整劲通过暗劲的练习, 从无力到有力、无力中求有力, 就是从暗劲到化劲、功夫逐步得到修炼提高, 通过了一个质的变换提升过程。通过内整暗劲的修炼, 自然而然产生内外三合、周身一气、整体如一的内整之劲。

形的变化是由内劲运动而自然产生的, 练起来动作会自然而然随着劲走, 自然形成形意拳的形, 并变换形的动作, 可以说这才是形意的真正之劲, 像内圆动作一样, 以内带外、自然形成真正的太极之形。

内整劲是以内外三合和丹田、包括前面内里等劲为基础、以周身带动丹田运动而形成周身气贯通之劲。内外三合中的内三合是指心与意合、意与气合、气与力合; 外三合是肩与胯合、肘与膝合、手与足合。

内里劲、内圆劲主要是丹田功夫, 丹田是点, 内整劲是周身之劲。周身到点的贯通是一个力的形成的过程。如果没有丹田的点的基础, 练的也只是皮下层内劲或惯性劲, 练不出内气运动产生的内里走劲之化劲的, 也是练不出真正内外合一、周身贯通的内整劲的。周身带动丹田点, 需要一个逐步形成的过程。

内整暗劲练到暗劲产生时出手, 上下左右各个面都有劲, 形成内外合一之整劲,故对方从各个方向都难以化解。这是一种对方难以化解之劲,是挨着一下像铁棍捅一样使对方疼痛难忍之劲,这也是半步崩拳打天下的奥妙之处。

内整化劲的特点:化劲通过一个从柔到刚、柔极生刚、内气运行入化劲的转化过程,产生质的变换提升。习练暗劲结束后,就可以开始练化劲。内气运行入化劲,是无发力的,力是自然产生的、是无力中求有力之功夫。内整化劲练到高境界时,出手轻而快、变化多而快,一触可跌人而出。

化劲(行功)分为三种境界。一是以气运身,身体有物,舒适得力,全体无滞,为初步功夫。二是内劲运行嘶嘶有声,不论行坐,一触可跌人而出,为中乘功夫。三是身外生气,光芒四射,目视可摄人胆魂,为上乘功夫。

内整劲与其他劲法不同之处就在于无发力的过程。劲力不断,讲究意到气到、气到力生。练到高境界时,可做到脸不红、心不跳、气不喘。

一、内整劲暗劲的练法

(一)内整暗劲之意道:暗劲是通过用意不用力的长期练习,从无力逐步到有力的。

暗劲要注意用意不用力的要领,理解用力便气断、气断便力穿的道理,其中腿功更要注意不可用力。只有用意不用力,方可练出拳中的柔劲。柔到达极处，便生刚，所以说暗劲是从柔至刚去练的，体现了从量变到质变的道理。暗劲是内气运行的初级阶段，此时还达不到化劲之境界。通过一个劲的转化过程，内气练到节节贯通、行如流水、使周身内气达于一点，变产生化劲。

（二）内整暗劲之气道：自然呼吸。

（三）内整暗劲之劲道：要求用意不用力，劲是从梢节逐步到周身由周身到丹田形成周身内气贯通之劲。练到一个阶段时丹田会有鼓荡之现象，是此劲的特点。练时自然形成内外三合，没有发力但有力，得到周身一体的内整之劲。

（四）内整暗劲动作分解：练时不考虑动作，动作随意，快慢自如。但此劲会自然形成形意的动作功架，进退连环，内外三合，所以说内整劲是真正的形意劲。

（五）内整暗劲之功法效应：

一是此劲从无力到有力、从梢节到周身通过了一个逐步从暗劲到化劲的转化形成过程，好比水结成冰。

二是到暗劲产生时，打人的劲像用铁棍桶一样，极易伤对方的内脏，不论进攻还是防守，对方一接触会感觉到像碰铁一样疼痛难忍，就是此劲慢慢地轻轻地碰一下对方，也会觉得难以忍受。被打人可感觉到发力人的劲有弹出体外之感。此时出手，自然形成上下、左右、前后一体之劲，哪个面都有练者的内劲，是一种对方难以化解之劲，所以对方不易防守，这也是半步崩拳打天下之奥妙。

（六）内整暗劲之技击效应：

此劲出手时，上下左右都有劲，故对方从什么角度都难以化解。练者出手像铁棍一样，即使一个简单动作杀伤力就很大，对方难以招架，极易伤其内脏。

二、内整化劲的练法

（一）内整化劲之意道：内整化劲是在产生暗劲内劲的基础上，开始对内气运行的练习，内气运行入化劲。化劲讲外松内紧，松到极柔时，便自然而然产生刚之内劲，此时可做到意到气到、气到力生，出手极快，产生像子弹一样的劲。

（二）内整化劲之气道：形成自然而然的呼吸。

（三）内整化劲之劲道：此时内气运行、劲力通畅，无力中产生力、松中生紧、无发力却自然会产生强大的内劲，频率极快。练起劲来舒适得力、心情愉快。

（四）内整化劲之动作分解：此时动作轻灵圆滑、变化多端，练起来潇洒自如、行云流水，自然而然会产生一些像形意拳套路的动作。

（五）内整化劲之功法效应：练习中有周身气上下贯通感，动起来以气远身，力量倍增。此时出手极快，像子弹一样。放人如抛物，用于连手（推手）显得更高一筹。在推人或放人时，可化掉对方的力，使对方无对抗之力或用不上力，这是内整化劲的奥妙之处。"内气运行入化劲，一触即出见乾坤"说明化劲属上乘武功，是极少人能进入的境界。

（六）内整化劲之技击效应：内整劲用于技击时，因劲无发力过程，故出手似弹、力又快又大、手臂很硬，有弹敌而出之妙。此劲出手变化多端、虚实难分，敌极难招架，有拳打人却不知之妙。练到化劲高境界时，内气涌动，产生内劲，可到达手到劲出、一触即出的阶段，技击中非常得心应手。内整化劲虽挨上对方便弹人而出，但主要不是放人，而是进攻性强、杀伤力大、一出手就定胜负。

第十节　浑圆劲的练法

周身一气为浑圆，浑圆劲是身体微动、周身内气瞬间产生内气膨胀之劲。动作极小，但动作越小，力在体内的传导速度就越快。因此超速运动是从微动中体现出来的，是微动中求速动的过程。

浑圆劲是以内整劲（化劲）为基础、通过合理的修炼而转化而成，通过一个从丹田之点到浑圆之遍的形成过程。

浑圆劲是微动的瞬间周身产生膨胀的劲，周身无处不像弹簧，浑圆劲用皮球来形容最为相似。用浑圆劲打人，轻打人像用球砸一样，对方有弹性的感觉，也有受惊吓的感觉，头脑空白一片。重击像电击一样，因频率太快，所以能打出像电击对方之拳。练到这种境界时，习练者是在内气鼓荡的状态中练拳，其动作无规则，身体动起来极其轻快灵巧，一旦与人接触即感到技击的劲很重、动作很快，对方碰到会瞬间被弹出或失去中心，重击会使对方失去意识。

此功要以丹田气、内里劲等劲道为基础,方可进入修炼。

一、浑圆劲练法

(一)意道:浑圆劲是周身之气在微动的触间,产生的膨胀之劲。练时也要注意放松,不可求力。松得越好,内劲会走得越好,因为松是气运动的条件。练到高境界时,内气鼓荡,有身体有物之感,有嘶嘶之声。此时打人如电击、放人如抛物。浑圆劲产生的练法分为两个阶段:一是提高和掌握阶段;二是步入浑圆劲阶段。

(二)气道:自然呼吸。

(三)劲道:浑圆劲随着功夫的提高而产生,此时感到周身贯劲。浑圆劲运动起来好比充满气的皮球,上下前后左右内外都有劲,形成周身一气、浑圆一体、无处不弹之劲。我们指的无处不弹蕴含着无处不发的含义,是指在内气鼓荡中运动的力产生的微动瞬间。周身产生膨胀的劲,速度极快、弹性很大、硬度很强、威力巨大。随着功夫的增加,此劲会越来越大,此劲是劲的高级阶段,是通过身体内气的鼓荡、产生劲的本能运动。其速度远远超出意念的引导速度,又称为超速运动,也是微动中产生速动的运动。

(四)动作分解:练起来,有内气鼓荡、动作轻灵、变化无穷之妙感。运动起来,人的内里似如水、外面如皮球。此时动作随意,快慢自然,分定步发力和活步发力两种。身法、动作运动协调一致,动作轻快多变,变幻莫测。慢中运动内气鼓荡,动起来动作很小,速度超快。要知动作越小,力在体内的传导速度就越快,因此速动是从微动中体现的,这就是微动中求速动的道理,但其小动作是行功中自然产生的,不是刻意所求的。

(五)功感和现象:一触产生的力道大、弹性强、使敌而出,在运动中并有抗击打功能。

(六)技击效果:浑圆劲练到最高时,可击人便倒,人挨上即出。此劲极短、极快、频率极高,敌一触就被弹出或失去平衡。身体对此劲往往难以,身体会产生收缩,大脑会产生空白或失去意识。此劲有超频率的打人速度和反弹打人的特点,外力攻来时,利用浑圆劲的作用,就可使敌被弹出或失意。

浑圆劲的技击特点是在点上就可打人和放人,点是指接触点,有接触就可产生打人和放人的效能。而一般层次的技法,在攻防动作的接触中是没有打人和放人效果的,只有拳脚进去打击对方的身体,才有打击的效果。触打开始多用手、腕、臂,练到功夫深了,可用腿和周身去触打对手。

此劲练到形成本能时,在技击中劲会自然地、本能地得到发挥,以得到无形有形、无意有意之境界,也就是"有形有意都是假,技到无心方见奇",此时与人相搏会感到无不得心应手。

第十一节 用劲的方法

一、劲的应用条件

用劲之法要形成本能方可自得,也就是说用力需要劲练到形成本能时,方可在实战中应用。不管什么劲,都需要把劲练到形成本能时,方可在实战中得到自然本能地发挥。

当你练到某种劲形成本能时,在技击中自然会用某种劲。劲的不同,打击的效果也是不同的;劲的不同,运动的速度也是不同的;劲的不同,变换的招法是不同的。可见劲在实际搏击中的重要性。

二、劲的不同效果

劲有长劲、短劲、竖劲、横劲之分,应用时的效果是不同的。放人用的是长劲,伤人多是短劲,竖劲用于直取进攻,横劲用于化劲防守。养气的人擅长竖劲,练气的人擅长横劲。丹田走立圆为竖劲,丹田走横圆为横劲。如果打人,一般浑圆劲最为厉害,打人如电击;若是放人的话,内圆弹抖劲可使人腾空而起,放人而出。在较技中,有时用打、有时用放、打放结合、变化无穷,但劲都需练到本能的境界,方可在实际的搏斗中得到恰好的发挥。

步骤之八 技法（本能的发挥）

　　技法的形成是一个从有法到无法、无法而有法的本能形成过程。在技击过程中，需要掌握运用一定的技法去战胜对手，决不能毫无章法地乱撕乱打。形意大成拳的武术原理认为，技击中有意用些妙招或绝招，会执着于招，只能用于对付一般人，而高级技法的发挥需要依靠本能，从有招到无招、无招之招方是妙招。拳打人不知方为妙手，本能的发挥，是技法发挥的关键。

第一节 技法概述

一、形意大成拳技击特点

　　一是手脚并用、以快制胜、以劲运招、以硬度欺敌。没有速度的进攻，就没有威胁力；没有劲道的招法，是很难奏效的；而没有过人的内功,是经不起对抗的。

二是打打打打,即进是打、退也是打;攻是打、防也是打。

三是讲在同一节拍中进行攻防,讲顾即是打、打即是顾,也就是防守的同时进攻、进攻的同时便是防守。

四是守中用中,也就是守住自己的中线,打别人的中线。

五是讲出手不回手、出手不空回,即说不有意回手,一拳出去,可连发,也可发后手。发后手时前手自然会回插,不必有意出拳马上急回手,那样走双趟速度慢、又易给敌反击的机会。

六是零距离能发力,即手靠着对手可发出强大的杀伤力。这样出手不用回手再发力,连贯快、无距、速度自然也快。

七是讲断手与连手结合用,断连结合用起来敌更难以招架,特别是没练过连手推手的人,更是不知所以而被击中。

八是讲气要逼、步要过人、拳要打人。

九是讲敌进我进,即对方打来的同时,迎敌而上。看起来像对面冲撞一样,但一击之下,对手不是被打飞就是被打倒。这种打法很厉害,一接触间,败敌于无形。常说的"硬打硬进无遮拦",通常是指这种打法。

十是讲虚实都打、虚当实打、实也当实打,这样对手出假动作不但无用,反而更易被击中,有打虚不为妙、打实技更高之理。打实一般是硬化进,而打虚往往是变化进,硬化进和变化进结合更是变化无穷,会使敌出手不及、难以应对。

十一是讲化中打、闪中打、打中打为一体。

十二是此拳梢劲大，接触时使敌处于被动当中、技法难以发挥。

二、形意大成拳技击要诀

一是在心理上要做到遇敌如无敌,在意识上要做到练拳如有敌。

二是发挥自己所长，方能使自己的武功发挥至尽。

三是讲在同一节奏中进攻或防守。

四是势要逼人。二者交战勇者胜,要知胆大心气方足、心气足人的拳脚方可放得开、拳脚放得开技艺方可得到充分发挥。

胆量和经验要通过实战的锻炼方可真正得到通过实战的锻炼,方可使练者达到临危不惧、心平气和、顽强拼搏、泰然处之的状态,这种状态是战胜对手的首要因素。

五是手要打人、步要过人,讲手到步到。

六是实战较技要做到出手不容情、容情不出手。

七是练形意大成拳达到高境界时,拳打人不知,出招敌难以化解,一触使敌失去重心或失去战斗力。

三、形意大成拳技击要领

一是做到远踢近打、贴身摔靠。

二是要做到手与脚结合、连手与断手结合。

三是眼要毒、心要狠、手要快。

四是真假都打，真当真打、假也当真打、你打我也打。

五是虚实都打，打虚不为妙、打实技更高。

六是酒后不易交手。酒后反应差，力量也差。有些品性差的人，专门设局酒后比武。

七是黑暗处不易交手，因暗处有时看不准易失手。

八是打人要知道要害部位被击的不同效应，注意什么招式该用与否。

九是要做到练起有法、用起自发。在交手前站桩有利于状态的提高。

十是注意步法的应用。步法移动好，可与比自己力量强大的对手对抗，能避开对手强大的攻势，同时还能有效地进攻对方。你打他，他跑不掉；他打你，他打不着，这就是步法的巧妙之处。

十一是技击时，步、手、腿综合配合，使技法全面地发挥。

四、实战中决定胜负的基础条件

一是反应。能做到有感必应，以应变敌人。

二是力度。一力降十会，形容一个力气大的人可以制服十个会招法的人，比喻在绝对实力面前，花拳绣腿都是没用的，拳不打力。

三是速度。手快打手慢。

四是硬度。硬度强在实战中占有一定的优势，如两腿相撞，腿弱的一方会马上失去战斗力；如一个横扫，可踢断对方的手臂，这都是硬度强的表现。

五是技法。实战中要想正确地应用拳脚,就离不开对技法的正确掌握,要直到形成本能。

六是心理。两人较技,心理素质很关键。好的心理素质可使武技得到超常的发挥;反之差的心理素质,会使反应、力量、速度和技巧都大大降低。心理素质的提高主要决定于拳手有"遇敌如无敌"的心理、有在电光闪石的博击中保持最佳的心理,还需要人胆大、艺高人胆大,自然不会胆怯。

七是胆识。实战中胆识很关键。只有放开敢打,才可恰好地充分地发挥力量、速度和技巧;反之不敢打、心里害怕,力量、速度和技巧等方面就会受到限制。

八是经验。实战的经验越多,心理素质越好,应变能力越强,技击技巧就能得到更好地发挥。

五、发挥技法的基础条件

技法的恰好发挥必须要有以下几个基础条件:

一是反应。技法的发挥首先离不开反应,没有反应的产生,技法、速度、力度、硬度都无从应用。能做到有感必应,就可应付对方的千变万化,也就是能应付对方的奇拳怪招。

二是力度。力度大速度方快,技巧想怎么用,就能怎么用。反之力量小,一接触就失去了重心,是打不到人的,更不要说谈什么技巧的发挥。当练者的功夫达到一触即出时,对方的速度和技巧就会失去应有的作用。三是速度。速度快,用简单的一招就可奏效。反之速度慢,有再好的技巧也是打不到人的。同样一个动作,打击的效果是不同的。当动作的频率超过对手的反应时,对手无法进行有效防守。超速的运动离不开超常力量的发挥,所以力量是根本。快速的进攻有"唯快不可破"之说,功夫巨星李小龙就是以快制胜的典型代表。

四是硬度。硬度强,在双方搏斗中就敢于打,在没打之前就略胜一筹;反之硬度弱,不敢与对手撞击,一撞就受不了或失去战斗力。

六、技击的三种境界

(一) 初级境界:以拳打人阶段。

以拳打人,也就是以招式技法打人。技击水平体现为能正确地应用攻防技巧,本能地掌握攻防技巧,能感知对方的变化而变化。此时用的往往是局部力量,伤害性不大,一下二下放不倒人。虽然有了一定的武术功底,但还没有进入内功阶段。水平好的,可用上整体劲打人,由于撞击力大,武功一般的人难以承受,被击中往往会被打出去或伤筋动骨。

(二) 中级境界:以劲打人阶段。

以劲打人时,双方往往一搭手,对方就会感到练者劲路之高级和变化莫测,并自感无法应对,被击中往往会伤其内脏。如用内圆弹抖劲打人,可产生打人如挂画之效果,也就是被打人会上飞而出。如用空透劲打人,可伤其五脏六腑,也就是内劲有穿透性,可打进人的体内,若从肩膀打下去,劲可穿到对方的脚底。

以劲打人时,能做到断手有感必应、连手能感知对方的变化而变化。此时劲道和技巧得到恰好地发挥。以劲去打人,必须要在掌握前面技法、能够形成本能的基础上,方可恰好地发挥。

(三) 高级技法: 以功打人阶段。

以功打人,也就是达到意到气到、气到力生的境界,所以称为用功打人。如用内整劲、浑圆劲等劲的阶段,此时无蓄劲发力之过程,或者说无发力之过程。

内整劲、浑圆劲的杀伤性强,可零距离产生杀伤力,劲的变化快,往往双方一接触,对方就会遭到摧毁性的打击。用内整劲打人,击中对方会使其感到像碰上烧红的铁火块一样;用浑圆劲打人如电击,因浑圆劲有传导性,一触即出,也就是一接触可使对方失去战斗力或失去意识。用浑圆劲放人,可弹人而出。用此劲去打人,技击技巧显得更为简单直接,往往一个接触就定胜负。技击水平达到出神入化之境界,出手如无手,拳打人不知。出手如无手指拳打出去,对方招架不住,如同无手;拳打人不知指出手奇妙,对方反应不过来而被击中。这种境界是常人难以理解的,也是内劲之奥妙。

不管对方动作是真还是假、虚当实打、实当虚打、不问攻防靠上便是打,到此境界用形意拳的话讲,是进也打、退也打、攻也打、守也打,达到高级技击的境界。此时招法变换达到拳无拳、意无意、无拳无意是真意的高级阶段,也就是做到了无意中有意。当具备超人的功力时,技法可随心所欲地恰好发挥。高级打法是以本能地掌握中级打法为基础的。

第二节 技击的练习过程

技击是在技击桩、定架、活架、变架等基础上进行的,主要通过了十二个过程的练习,即力度、速度、反应、抗击打功夫、断手练习、连手练习(推手)、断连结合、攻防方法的掌握、技击技巧的应用、喂招、对练、实作。具体的技击练习过程如下:

一、力度练习

力度的练习主要包括站桩、试力、发力和明劲、暗劲、化劲等练法。具体的方法前面都有介绍,这里不再重复。功力是决定胜负的首要条件,同等技巧比功力,同等功力比技巧,技巧好与功力高的人比,还是功力高的人胜数大。古言讲:拳不打力,力不打功。技巧在力量大的面前,就受到了限制或失去了作用,可见功力的重要性,所以说劲道是武功之奥妙。

二、速度练习

速度在技击中有很关键的作用,常言道,手快打手慢,但练习速度却不是一件简单的事.在形意大成拳中,有静的练法,也有动的练法,通过动与静的练习,在用的过程中还须得到恰好地、正确地、充分地应用。

（一）技法练速度的方法

技法的练习可带动速度,起到练速度的目的。因为练技法时,动作有时自然会很快,并且越练技法速度会越快。

（二）力带速度的方法

速度是由力而带动的,力的大小和用什么力决定了速度的快慢。内整劲速度快得像箭,浑圆劲短而快,像闪电,劲的内动属气流。内功带动,像走八卦步时内功就有此现象。

（三）桩功练速度的方法

站桩时要知道不动之动是生生不已之动,是真正的动,是内动。内动可练出超速运动,动作越小,力在体内传导的速度就越快,因此速动是从微动中产生的。超速运动,也就是在微动中求速动。

（四）意练速度的方法

意也是练超速运动的方法。超速运动是意气之效,意到气到、气到力生。

（五）距离与速度的应用

如果练者速度快,但动作大、走的线路长,也就快不了;反之,如果练者速度快、又能正确地零距离发力或动作小,速度自然就快了。速度快,用简单的动作就可使击打奏效,因为快速的频率就可使对手

难以招架。

三、反应练习

俗话说: 眼尖手快, 眼能看得到, 手方跟得到, 方可做到有感必应。应用招法离不开反应。

一是眼看的反应。练眼功需要正确的训练方法, 方可在实战中做到敌进攻来不眨眼。眼又是心灵之窗, 锐利的目光、充满杀机的眼神能夺人魂魄、摧其斗志、令对手心慌意乱, 最终战败对手。如实战中瞬间的眨眼, 就有可能遭到对方的有效进攻。所以没有经过眼功训练的人, 当对方招式袭来时极容易闭眼。

二是体触的反应。通过身体的肌肤接触, 可感知对方的劲路变化, 又称听劲, 是说在接触中能感知到敌人的力量大小、速度快慢、动作的变化。这种触觉可通过正确的推手(连手)练习形成本能的感知判断, 有利于控制对方重心从而进攻对手, 使对方失去平衡而被击中。三是本能的反应。超感知的反应是本能反应, 本能的反应比意识还快, 意识不到, 本能往往能反应到。本能的发挥, 是无意识或潜意识的发挥。拳语讲, 打人不知怎么把人打出去的, 被打人不知怎么挨打出去的, 这就说明当时本能的动作超过了人的正常反应。

本能反应是当对方一动时便可意识到对方的企图靠的是无数次对练和实战中经验形成的, 是下意识的条件反射。在顶级高手对决中, 动作的频率往往超过人的正常反应, 真正靠的就是本能。

卓长乐（黑）　荣右卓（白）示范

　　抗击打功夫强，可使你在实战中，没有怕打的心理，并能更好地发挥武技，即便被对方击中，也不会失去战斗力，就好比自己穿上护具。由于功夫强，打击你的人，反而被内劲弹出。反之，对手如没有抗击打功夫，一旦被击中，便会失去战斗力或结束战斗。抗击打功夫有舒通气血、强健筋骨、内定五脏的作用，五脏受击后不会产生没练过抗击打功夫的人那样的震动，同时还有练五脏之功效。经过拍打，可以提高内劲的抗击力和筋骨皮肉的承受强度，从而提高抗击打的能力。

（一）抗击打功夫分内练、外练两个方面

　　内练是指内功修级方面，内练可练内气、壮筋骨，如站桩功夫提高，人抗击打的能力也会自然提高，达到抗击打的目的。

外练是用拍打的方法由外向内练，随着时间的增加，抗击打的能力会逐渐提高。

芗老讲，切莫学拍打，天然本能失，皮肉徒受苦，意思是指内功的应用，可使打来之力反弹而出。但如内外练，内劲发挥会更好，外表存受力也会更强。

（二）五种抗击打方法

1. 超硬度的练法

当练者有内劲，加上筋骨的排打，小臂和腿部就会产生超强的硬度。当小臂和腿部挨着或碰着对方一下，对方便疼痛难忍，这是内劲产生的超强硬度。

2. 普通抗击法

普通抗击法主要是通过拍打来锻炼筋骨的强健，从而达到抗击的能力。主要抓住怕打的地方练，如小腿内侧和躯干部位。拍打时要注意放松、不憋气、不努气、自然呼吸。

放松拍打方可练到内里厚的功夫，如果紧起来拍打，只能练皮外厚功夫，这样练不出真正的抗击打功夫。

拍打时身体自然而然会产生内气鼓荡之劲，越是放松拍打，其反弹的效果越好。也就是说越是放松，内气运行就越好，其内功发挥的效果就越好。

练排打功时，意用于松，即打哪、意用于哪里松。这样方有抗击打之练功的效果，方有内力外抗之劲。

先是拍打丹田，后再拍打两肋，再拍打胸部，再拍打胃部，再拍打两肾，再拍打后背（也可靠墙练），最后拍打四肢。先是原地不动拍打，后可走动中拍打，来练实战中的抗击打能力。每天可拍打 1—2 次，一次三遍，一遍 8—10 分钟。力量由轻到重，逐渐增加。直至全力拍打，也能让别人全力拍打。随着功夫的加深，可用木棒拍打，直到功夫练成。

3. 鼓荡抗击法

这种抗击法要以有内功、周身内气鼓荡为基础。拍打时，意用于内气鼓荡抗击打来的力量。长期坚持拍打、内气鼓荡，会形成本能的鼓荡和反弹，使抗击打力逐渐增大。

4. 反弹劲抗击法

这种抗击法要以内气运行为基础，是以内劲反击打对方之劲。如对方打来的劲大，对方的手腕和关节反而易被击伤，或人被反击而出。

5. 化劲抗击法

这种抗击法要以无处不圆为基础。首先，主要是练化劲，使打来的劲落空，从而达到抗击的目的，又称接招；其次，主要是靠别人击打不同的部位，来练化劲之功夫，即便别人全力打来也会落空。

6. 浑圆劲抗击打

浑圆劲抗击打法，也是高级的抗击打方法。

当练者浑圆劲上身时，自然具有抗击打的能力，因为此时已形成浑圆一气、周身无处不弹之劲，像球一样，打得狠，反而被弹出的更远。练到高级阶段，与敌相搏时好比自己身上穿着护具，敌方有意无意中打来，身体都会像皮球一样，打哪里哪里弹。有些拳法的抗击打功夫，多是靠闭气、肌肉绷紧等方式练习，这主要是通过练肌肉的强硬度来抗击打，其抗击打的程度有限。另外，在练习时先绷紧肌肉去抗打击，又有一定的主观性准备意识，这样就会影响实战时抗击打的效果。这与内功抗击打功夫的本能发挥和强度方面，有着很大的差距。但采用习练内功抗击打的功夫，抗击打的程度会更强，重力打来时，自己更不易受伤。

采用"内气鼓荡"的拍打训练，久练不但具有极强的抗击功效，还使内脏得到锻炼，使身体健壮。如果时间不足，"内气鼓荡"拍打可以不练；待到内功练到周身贯气、无处不弹时，自然而然会产生抗击打的能力。拍打训练可以缩短训练时间，且见效更快！

五、断手练习

王建平先生与弟子汤勇（黑）示范

断手练法主要是指两方未接触、拉开距离时，进行攻防动作变化的方法。断手注重一脚一拳的应用，一脚一拳看似简单，但应用起来却是变化无穷。这包含了"以无法为有法，以无限为有限"的哲理。简单直接的一脚一拳的应用，更能符合实战的需要。

断手练法的技法技巧主要是知道一拳一脚如何应用进攻遇到拦截时怎样变化，这些主要来源于变架的技法。在具体实践中，如何巧妙地应用拳、脚、肘、膝、肩、胯、头进行打斗，一是靠老师的传授；二是靠自己的经验积累。

断手手法主要有劈、钻、崩、炮、横、虎形等动作。手法的特点主要是手法走圆。走圆一是劲活、二是敌不易化解，练者用起来自然易得心应手。下面介绍一下手法的变换方法。

（一）劈拳进攻变换方法

劈拳进攻对手,被架住时,可顺力借打、借敌力反用钻拳,也可反用上劈,还可变为捋;同时用另一手劈拳打击敌的脸部或胸部,也可将劈拳直接变栽拳打击敌的胸部。

（二）钻拳的变换方法

钻拳进攻对手,被压住时,可借敌力直接变为劈拳落下,打击对手的脸部或胸部,也可变为炮拳打击对手。

（三）崩拳的变换方法

崩拳进攻对手,被压住时,可直接变为钻拳打击对手的胸部或脸部,也可变为崩拳连环打击对手。

（四）炮拳的变换方法

炮拳进攻对手,被压住时,另一手可直接落下,变劈拳进攻对手的脸部或胸部;也可变为钻拳,打击对手的胸部或脸部。

（五）横拳的变换方法

横拳进攻对手,被压住时,可变为炮拳打击对方的心窝,也可用另一手出劈拳攻击对方的脸部或胸部。

（六）虎扑的变换方法

虎扑进攻对手,被压架住时,可用挂打破坏对手的防守,然后再用虎扑攻击对手的胸部;也可在用挂破坏对手的防守后,用虎托进攻对手的两肋，这样打击重、极易伤其内脏。

六、连手练习（推手练习）

王建平先生与弟子汤勇（黑）示范

连手练法，也就是推手的技击技巧。主要是指两手搭上时，进行攻防动作变化的方法。主要应用化打结合的技击技巧，在实战中恰好结合断手与连手，大大地提高技击技巧，形成实战性更强、更全面的技击术。因此，就这个方面而言，推手也是拳术的升华。

推手是内家拳实战中特有的技击技巧，因推手讲听劲，听劲必须要松；当有化劲时，松却是紧、形松内紧、越松内劲的运行就越好。没有练到化劲时，松往往是听劲好而无内劲可言，显得弱而无力。

形意大成拳在运劲中讲放松，肌肉紧用的是外力。

　　形意大成拳推手技巧主要分两大类。一是以打为主，以手腕为接触点，以打为目的。此推法变化快而直接，可使对方防不胜防，因为人在实际搏斗时，手法应用中往往是腕部先接触，所以腕部技巧在实战中起到实际的作用。二是以破坏平衡为主，此推法非常巧妙，可使对方处于进不能发拳、退不能逃离的境地。

　　在实战中两种方法可结合应用。推手先以规定方法练习单推手和双推手为基础，而后分定步推手和活步推手的不同练法。掌握好推手攻防技巧后，再进入散推对抗练习。当你纯熟掌握推手的攻防技巧，并形成本能，再通过与断手结合的过程，就可在实战中恰好地、本能地发挥断连结合的技击技巧了。

　　推手的基础练习分定步单推手和双推手练习，定步单推手和双推手是所有推手的基础，其中一些最基本的要领在对于掌握和提高推手尤为重要。这看似很简单，但这是基础。

(一) 推手的方法

1.定步单推手走化练习

　　甲乙双方对立以定步站好，以右侧推手为例，双方以右手腕处相搭，由左向右做缓慢的弧形运动，以身带手，推时掌心向外，化时掌心向内，推化转换，内掌要跟着转换，不可求快，不可求力，而是求动作标准，走化圆活；同时要保持好自己的重心。初学推手，动作为求圆满柔顺、逐渐去掉顶抗之弊、易慢不易快。动作熟练后，动急则急、动缓则缓,以适合连随的要求。此为右式,左式与此相反,动作要领相同。通过单推手,主要练习动作要领和推化走圆等基本技巧,这些要领最适合在定步单推手中练习,能使人真切体会到推手中动作的正确性,并为下一步推手打下了基础。

2.定步双推手走化练习

甲乙双方对立以定步站好,双方右手向前上举,臂微曲,手腕外侧相贴,交叉相搭接,左手掌扶于对方右肘部;双方双手由左向右做双盘转化走圆练习。四手臂粘连随在一起,在其中虚实转换。运转时动作要求以身带手、注意动作不顶、转换圆活、连绵不断,通过如此力的相互作用,控制对方。循环反复地练习,体会动作技巧和劲路运转。此为右式,左式方向与此相反、要领相同。

3.活步推手转腕练习

甲乙双方对立站好,双方两手腕相接触,手形为半握拳,搭接于自身中线部位,可一上一下,也可双双在上或在下。手在上为搭,在下为接。然后由自身中线部位开始,两手进行自由交替和同向转腕化圆练习,可由外向内,也可由内向外,可由上向下,也可由下向上,做缓慢的弧形运转,不可脱手。开始可定步练,熟练后可以摩擦步做前进后退活步推手练习。进行双推转腕练习时,要求动作圆滑、用力自然,沾、连、粘、随不丢不顶,并要注意守中运转、不失重心地去练习。手形为半握拳状,在实战中便于出拳和变掌。

(二) 以打为主的推法

以打为主的推法主要特点是直接、简单、变化快、实用性强，以两手腕处接触进行攻防练习。因在实战中，双方手腕处最容易接触，所以就需要注重腕部接触的技巧变化和应用。在推手过程中，既要做到对手近不了身，又能控制对手。以打为主的推法，主要手法有劈、钻、崩、炮、横、虎扑、虎托、摆掌、踏掌等。此推法主要以被击中多少而定高低胜负。下面介绍六种方法：

1、化打的方法

化打是化开对方的防守，随即打击敌方；或化开对方的进，给予反击。化打以化的水平高低看打的成功率，化的水平高可随意打击对手。

2、调打的方法

先调后进，把对手的劲调起来，然后再用化或 的方式使其落空，同时打击对方，使对方失去重心又遭击打。

3、打的方法

打主要是使对手给的力落空、失去重心并给以打击，抓住时机，逢丢必打。 的好与坏，决定对手失去重心的程度。

4、挂打的方法

挂打的方法应用效果的好坏，要看挂的效果如何；挂的效果要看功力如何。如以浑圆劲挂人，可使敌瞬间失意和失去重心，此时抓住时机攻击对手，如同打一个毫无防守准备的对手。

5、触打的方法

触打是浑圆劲独特的用法，在推手接触时用浑圆劲，使对手来不及化解，大脑瞬间空白，身体失去重心，如遭电击。此时再继续进攻，对手会在毫无反抗能力下被击中。

6、防阳打阴的方法

防阳打阴，是避实击虚，也就是防敌进之手、同时从对方防守的那一面进攻对手，使敌反应不及，来不及换劲。往往敌在用一手进攻时，另一手易换劲、防守意识不足，这是防守进攻的好机会。

（三）以破平衡为主的推法

以破平衡为主的推法的主要特点，是恰好地应用听劲、化劲、调劲、劲等技巧，做到四两拨千斤、引进落空、借力打力，并结合、挂、摔、放等技法破坏对手的平衡，使之失去重心或摔出。

在推手中，能处处越过对方防守，使对方不知我手从何而来，达到出手不见手、手到不能走的境界，此时可掌控对手的重心，并能随意地发放对手。这就需要有好的听劲、纯熟掌握动劲、并具备上乘化劲的功夫。

此推法主要以脚下移位或被推走、摔出，而定高低胜负。

（四）打式推手与破式推手结合

此时把以打为主的推手技巧和以破平衡为主的推手技击技巧结合起来，或打或破、随机应变、灵活应用，使敌防不胜防、难以应对。二者的结合，需要在全面纯熟掌握两种推手技术的基础上进行，方可得心应手、应用自如。此时胜负既看被击中的多少，又看脚下移动或被推走、摔出的情况。当推法结合断手，在实战中更是技高一筹，容易得手。

(五) 推手技巧

1、听劲技巧

听劲是指通过与对方身体的接触,感觉其劲的大小、虚实、刚柔,力量的走向、快慢、远近、长短等。知道对方的劲路,也就掌握了对方的变化,就知道怎样去正确地应对了。

听劲的奥妙在于内劲的应用、功夫的高低。不可用拙劲,拙劲是不能用于推手的。听劲又可提高人的反应能力,特别是提高触觉神经的敏锐性。俗语说:手上麻雀不能飞,这是形容听劲水平高,同时也说明劲水平高,使麻雀来不及蹬腿起飞。听劲水平的提高,是通过长期练习逐步培养的。

2、化劲技巧

化劲有两种:一是圆化太极化劲;一是卸化形意化劲。

圆化讲:内里走圆、外走化劲。化劲要圆,走化圆活,触外成圆,运化自如。毫不受力,使对方失之平衡、有凌空失重之感。劲可在内里走动,所以劲很活而快,变化莫测,使人难以应急。化劲与化法不同,化劲是一种内里走圆、外面产生的劲,是一种能化开别人进攻的劲。化法,是化开敌方进攻的技巧,也是以走圆为主,因圆是化开敌手攻击的方法。恰好地应用化劲,使对方打来巨大的力落空,达到以小力胜大力的功效。

(六) 推手水平三个不同的阶段

练习推手是一个逐步提高的过程,习练水平可以分为三个阶段。

第一阶段为巧纯熟阶段。要求动作纯熟细腻、中正圆满、内外合一、松柔相随、虚实刚柔具备。达到熟能生巧、巧中生妙。掌握好时机,也就是抓住对方失去重心时,发人而出。

第二阶段为劲懂劲阶段。能掌握听劲懂劲之技巧,也就是能听到对方劲的大小、走向,并能根据对方的劲路,巧妙地应对,能在变化中控制对方,有感必应,随时随地可发放对手。

第三阶段为神明阶段。此时已达到行云流水无招而有招、无法而有法。周身无处不弹簧,一触可发人而出,出手极为神奇,化发无不随心所欲,达到出神入化之境地。

(七) 断连结合练习

断手连手结合是使技高一筹的技击方法;也是形意大成拳拳术技击技巧的升华。其巧妙的结合,变化无穷,使对方看着打来而无法化解,被打而不知所措。断手功夫高时,可达到一触即出之境界,而连手功夫高时,可一触即使对手劲力落空、失去重心。

七、攻防方法的掌握

明确攻防的方法与实用之关系,要练起有法、用起无法、妙在自发。

(一) 进攻的方法

1.抢进

抢为直发,主要是指抢时间差,在相互交错瞬间抓住进攻与防守反击的机会。如抢敌未发招时,或后招未到时,抢敌前招以发。

抢打主要靠速度。能利用巧妙的身法、灵活的步法,掌握好攻防的时间差,稳、狠、 准地攻击对方,使对方处于被动挨打的状态中,如李小龙的速度超人,简单的一个侧踹就击中人,这就是速度超过对方的反应,超人的频率使常人接受不了。

2.调步进

调步进为走中打,也就是走偏门进攻的方法,以偏对正 ,避实击虚 ,利用步法触间使敌背我顺,掌握格斗的主动权。调步进攻可使对方处于尾随练者进的状态中、处于慢节拍的被动中。

在打斗中,往往是劲大走中门、劲小走偏门。

3.问进

接近发招,又称为问进、递手,也就是发招不分虚实真假,虚中有实,实中有虚,真中有假,假中有真,讲随机应变。

问进主要靠变化,是接近发招之技巧的应用。形成接近发招的习惯,可以在双方接近的瞬间,根据对方的变化而变化或攻或防。接近发招的主要特点是变化快、出手急,使敌判断失误、来不及招架。王芗斋先生曰:"应敌出手前进时,不许向敌发,方能应机应时"。这也是递手之绝妙之处。

接近发招的手法可随意而出,腿法可先提膝接近,随后再决定用什么招法。接近发招多用于远距离、也就是一手够不到的距离进行。

问进不同于传统的引手,传统的引手有等敌来接招的心理意识,往往还配合一些固定的招法,这样便会执着于招法,使出手不够灵活多变。

(二) 防守的方法

1.抢打防。抢打防主要是指抢时间差,在敌一动前,我先动。敌人不动的时候似乎是没有破绽的,一般一动就有了破绽,这个时候是进攻的好机会,所以要抓住此机会,快速进行防守反击。

2.防中打。防中打就是在防守的同时,进攻对手。在同一的节拍中,反击对手,使其措手不及。防中打也就是打中打。

3.闪中打。闪中打就是闪身反击,这需要直观精确地作出判断。要想掌握好时间差和距离感,还必须通过一个对练的过程。

八、技击技巧应用

恰好地应用技击的技巧,必须要长期练习中形成本能,方可在电光闪石、瞬息万变实际搏斗中得到本能地发挥。下面介绍以下技击技巧:

(一) 打中硬进的技巧应用

应用打中硬进时如我出崩拳、敌压住我崩拳,可变钻拳硬进。硬进使敌往往想不到,进得又快,敌更不易化解。

(二) 打中变进技巧应用

打中变进的技巧用法，如我出崩拳、敌压住我崩拳，可将崩拳从外侧变为摆掌，进攻敌的头部。

（三）打与挤、挂、挨的配合应用

打与挤、挂、挨的技巧应用，如打击中对方挡住我进攻，可用挂打来攻击对方；如挂对方顶住劲，我可顺势用挤或挨来进攻对手。配合应用打与挤、挂、挨的连贯技巧，可使对方重心不稳、不知所以、方寸大乱，在被动中连遭打击。

（四）打放的结合应用

打指怎样应用打击力，使对手受到最大的伤害，失去战斗力；放指怎样用放的力量和技巧，使对方失去重心而被抛出，不会重创对手。

打一是要准狠连环，不可给对方喘息的机会，当然功夫高可一触即出。

放要得机得势，也是发人。放人必须具备放人的劲和掌握放人的技巧，这样方可把对手发放而出。当然功夫高时，可任意发放对手。

（五）手脚步组合应用

手脚组合应用，讲远踢近打、贴身摔靠。手脚步并用，出其不意，狠打猛踢，攻击对手。加之肘、膝、肩、胯、头，做到周身无处不是手，挨着何处何处击。得机而发，乘势而攻，给对方的防守增加了很大的难度。要知手脚组合应用，步很为重要，步快脚手方快。步法的恰好移动，又可使对方难以确定目标，从而处于被动中。

（六）顺力借打

顺力借打的方法是顺着对方的力,打击对方。如我劈拳,敌上架,我就顺力用钻拳往上打,这样的反击使对方特别意外,速度又快,对方难以反应过来,往往被击中还不知所措。

（七）进攻手法的线路

进攻手法的线路分前后打、左右打、上下打,这样组合交叉进攻对手,对方极难防守。

九、喂招

喂招是传统武术经典的训练方法,是通过老师对学生直接接触而传授功夫的方式。

喂招可从进行单个的进攻动作和单个的防守动作练习开始,再通过单一连续的进攻和单一的连续防守练习,等到熟练地掌握技击技巧和攻防方法后,再进行攻防结合的对练练习。

十、对练

对练是在喂招的基础上进行的。通过长期的对练,方可真正地掌握技巧的应用、掌握打斗中的时间差和距离感。

在对练的过程中,一是对练要分手进攻、腿进攻、手脚同时进攻等;二是找不同的对手练习,来提高自己的心理素质和应变能力等。

十一、实作

实作，也就是实战，只有通过真正的实战，方可看到自己在速度、力度、硬度、技巧等方面与对手的差别。所以说实战是验证武功的最好方法。学武术不去实战中验证，如同学游泳不下水体验一样。实战中不光能验证武术的真正作用，还能提高实战中的心理素质和勇气，锻炼在实战中的应变能力和技击技巧，从而提高真正的实战能力。

十二、辅助技法训练

一、实物接触。如打沙包，可练手脚的存受力、硬度以及对距离感及时间差的掌握。

二、用沙袋当真人打，把练者的力量释放出来，不然老不真打，会影响出手的力度。

第三节　一人对多人的打斗技巧

一人对多人,是武术格斗中不可或缺的技击技巧。一人对多人与一对一打斗的技巧有着不同的地方,相对讲一人对多人打斗,肯定要难掌握得多。所以一人对多人时,要有独特的技击技巧。下面介绍几种一人对多人的打斗技巧。

一、快速合理移动

一人对付多人,主要还是应用步法快速合理移动的技巧,也就是向多人的外围移动,利用外围的敌人挡住其他人一起围攻。反之,如被多人围在中间,再快的手,也是来不及招架的。

二、出手要狠

出手要重,要击打对手的要害部位,最好是能做到出手伤人或使对方失去再战的能力。这样对方人越战越少,会产生惧怕和恐慌。

三、三十六计,走为上计

看对方人多,难以应对,还是以走为上策,避免自己受伤。

第四节　技击法与散打变通的结合

形意大成拳技击法与散打变通的结合,目的是为了传统技法与现代擂台的共同发展。选择可变通应用的路子,能更好地展示出传统技法与现代散打结合的优势。传统技法通过变通,才能走向现代擂台的竞技比赛。

传统武术比生死,现代散打比规则,技法应用上是不同的,所以要使传统的技法走上擂台必须要给予改动。先要明确形意大成拳技击法与散打练功方法和技法是不同的,主要是劲道和手法的不同。为了适应擂台的打法,形意大成拳技击法可改为散打的手法,这样就可适应擂台的需要,并能发挥形意大成拳内功和一些技击的优势,打破传统武术在擂台上发挥的限制。

第二章　五大绝技与二大功夫

第一节　五大绝技

　　说形意大成拳的绝技,正如前面所言,是在习练基础之上获得的。没有前期的勤学苦练,就不可能获得绝技,因为,前面说的绝技只是相对的绝技而已,当步入形意大成拳高深的阶段后,绝技就自然而然地产生了。五大绝技是形意大成拳的五种展示功力的方式,是克敌制胜的绝技,是该拳与其他拳种的不同之处。运用这些技击方法,可以一招制敌。介绍如下:

一、打人如电击一样的绝技

打人如电击一样，是内功浑圆劲打人时产生的效果。用此劲可打到人体的深处，因为频率太快、超过人身体的传递速度。对方会产生像电击一样的感觉，轻者会瞬间失意，重者会昏迷。

二、化劲绝技

化劲是无中求有之劲，是柔中求刚之劲，也是松中求力之劲和内气运行之劲。

化劲功夫分两种：一是内圆劲之圆化，一是内整劲之卸化。圆化的作用是任你千斤来打我，我以四两拨千斤之能对抗，奥妙在于内里走圆、外走化劲,也就是走圆劲产生化的作用,属于内劲走圆的功夫。圆劲可以改变对方力的方向,使对方力落空。化劲应用的是高深的力学原理,是常人难以理解的劲。化劲的力学原理,好比用千斤之力打在一个运动的球上,结果千斤之力会偏离原来的方位而落空。采用此种方式可以卸化对手的功夫,通过接触卸掉对方的劲,因此,卸化更为高深莫测。

三、抗击打绝技

抗击打主要作用在心理上和身体上。在心理上,不怕敌方的进攻,看见敌方进攻可沉着应对。在身体上,受到对方打击时,不会一下失去战斗力,好比穿着护具与对手搏击,还会占据优势。形意大成拳高层级

的抗击打境界是周身贯气、无处不弹，也就是无处不抗打。

四、放人（发人）绝技

放人有两种类型，一是技巧放人，二是功夫放人。技巧放人是要先使敌失去重心，继而抓住机会把敌放出，或应用脚踏中门夺地位的放人技巧。功夫放人，也就是用内劲放人，不问对方是静是动，不用借惯力，也不用借他力，想放就能放。被放的人感觉像物体被抛出一样，不但不痛，还有一种舒适感。这个劲才是真正的发人功夫。

放人（发人）绝技展示

多人推不动绝技展示

单腿站立两人推不动绝技在申报世界吉尼斯记录中

五、多人推不动绝技

多人推不多功夫是精深桩功功力的体现,具体就表现为脚下生根的功夫。有的人认为这是技巧,纯属无稽之谈。如使用化劲,一是身体要转动,对方随第一个人跌出而出,二是多人推时,身体不会在中间产生变动。事实上,多人推不动功夫又称千斤坠功夫,属下盘功夫,就像老树生根一样扎在地上,多人难以推动。

第二节 二大功夫

一、铁腿功

铁腿功,也就是腿上内功,它能够使腿内劲贯穿于腿内,使腿产生超强的硬度。当轻轻碰到对方身体,对方会疼痛难忍,如同用盾牌打击对手,而对手用手或腿隔挡,手腿很容易被碰伤或碰断。

二、盲打

盲打,是蒙上眼睛与对手摸打,主要是推手的听劲功夫的体现,本人可通过听劲来感知对手的变化而变化,听劲通过手臂或身体其他部位的接触,感觉其对手劲力的大小和动作方向。盲打练到一定层次时,身体松空,触觉异常敏锐,能感觉到对方肢体劲力的来路和去向。

第三章 五行剑法

第一节　五行剑法介绍

五行剑法介绍

芗老常讲,兵器是手之延长。这是兵器与拳法关系的经典论述,但也不是每一种拳法都能做到拳法的劲道和动作与器械的劲道和动作相匹配一致。虽然现在是热兵器时代,但拳脚棍棒仍有不可替代的健身和防身的实际作用。

五行剑法是从形意五形拳法演变而来。练者双手握剑,动作简朴快速, 劲力雄厚威猛、变化无穷, 实用性极强。此剑比一般剑长而重, 并非是一般剑可比。在与别人兵器相交时, 会使敌兵器脱手而出, 不能应对, 最能体现形意的风格和特点。五行剑法用五形拳的劈、钻、崩、炮、横的名字命名。学练此剑法应以拳法为基础, 当掌握好拳法的动作和劲道后, 再练剑道就容易把握。开始习练单个动作定势, 后再练活势、变势、技法和对练等。初期对练用木剑和戴护具为好。

第二节 进攻剑法

一、劈剑

弟子王琪示范

右式三体预备式站好, 右手握剑, 左手合在右手之上, 剑尖与眉齐，右脚上半步，后脚跟上；同时握剑双手从前上回收至腹前，前脚再向前一步；同时双手起剑向前向下、走弧线劈下，双手发力，力达剑梢，从敌头部向前向下劈去。落剑形成三体握剑势，左式练法的动作相反。

二、钻剑

弟子荣右卓示范

右式三体预备式站好，右手握剑，左手合在右手之上，剑尖与口齐，右脚上半步，后脚跟半步；同时握剑双手从前上回收至腹前，再以前脚向前一步；同时双手翻剑，握剑手心向上，起剑向前向上，走翻转弧线钻出，双手发力，力达剑刃，向敌的面部钻去。落剑形成三体握剑势，左式练法的动作相反。

三、崩剑

弟子荣右卓示范

右式三体预备式站好, 右手握剑, 左手合在右手之上, 剑尖与口齐。右脚上半步, 后脚跟至前处, 似靠非靠贴住前脚落下, 中心在前脚; 同时握剑双手从前上回收至腹前; 同时双手向前崩出, 双手发力, 力达剑梢, 向敌的心口窝崩去, 落剑形成跟步崩架势。

四、炮剑

弟子孔庆雨示范

右式三体预备式站好，右手握剑，左手合在右手之上，剑尖与口齐。调转剑尖，握剑的双手向斜45度的方向发出炮剑。双手发力，力达剑梢，向敌的心胸刺去；同时右脚向右斜45度线上步，后脚跟步而上，形成三体式功架；随后调转剑尖，同时前脚向前中线上步，后脚紧跟至前脚跟处，左脚向左斜45度线上步，形成三体功架；同时握剑的双手向左斜45度方向发出炮剑，双手发力，力达剑梢，向敌的心胸前而去（见图）。左右式来回转换，形成炮拳的练法。

五、横剑

弟子孔庆雨示范

右式三体预备式站好, 右手握剑, 左手合在右手之上, 剑尖与口齐; 调转剑尖, 握剑双手向斜 45 度方向发出横剑; 双手发力, 力达剑梢, 向敌拦腰斩去; 同时右脚向右斜 45 度线上步, 后脚跟步而上, 形成三体式功架; 随后调转剑尖, 同时前脚向前中线上步, 后脚紧跟至前脚跟处, 随即左脚向左斜 45 度线上步, 形成三体式功架; 同时握剑双手向斜左 45 度方向发出横剑, 双手发力, 力达剑梢, 向敌拦腰斩去 (见图)。

第三节 防守剑法

一、挂

弟子荣右卓示范

右式三体预备式站好，右手握剑，左手合在右手之上，剑尖与口齐，双手发力，剑尖向后向右方向挂。挂多配合劈剑用。

二、拦

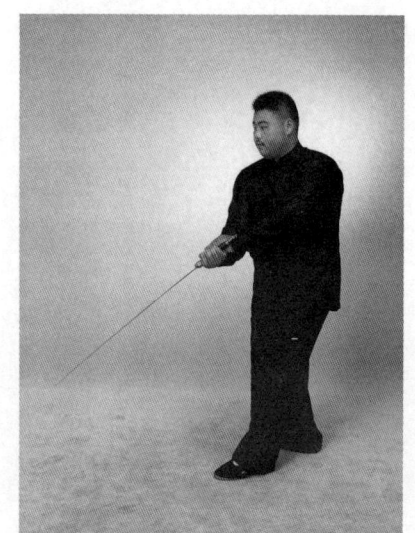

弟子荣右卓示范

右式三体预备式站好，右手握剑，左手合在右手之上，剑尖与口齐。右拦、调转剑尖，剑尖斜向上，由下向右边方向拦。拦多配合钻剑用。

三、击

弟子王琪示范

击法主要有向外击、向下击等,动作多变,不一一写出,击法主要是击敌的剑和敌握剑的手。击后反击,要根据击的情况而灵活应用。

第四节 空手对兵器

空手对付拿兵器的人在现实生活中常用,有自卫的作用,特别是当处在危及生命的关口。空手对兵器在武术技法中是不可忽视的关键一课。

空手对兵器的技术较为复杂,因对付不同的兵器,方法也有些不同。相对来讲，长兵器比短兵器难对付，应对长兵器，近身相对也要难些。当然光说是掌握不好的，具体的技巧，必须要反复练习，直到形成本能，方可应用到实际的生死对搏中。

空手对付拿兵器的人，要在躲闪的同时，抢夺或避开敌人的锐器，并给以致命的反击。反击时多集中于对手的要害部位，如眼、喉、裆部等。所以身法、步法的速度和协调性在实际应用中很重要。空手对兵器进攻的方法有二，一是猛然快速地向敌人的外侧移动，同时控制敌拿兵器的手，快速夺下敌的兵器或给以致命打击。二是猛然快速地向敌地外侧移动，会使敌产生错觉，一时反应不过来，这给空手夺兵器创造了时机。

第四章 桩功疗法

中央电视台记者采访治愈失眠、恢复健康的弟子

气功疗法是国术之一,桩功疗法更是气功疗法的主要方法之一。早在两千多年前,《黄帝内经》中就有"提挈天地,把握阴阳,呼吸精气,独立守神,肌肉若一"的记载,可见桩功健身与疗法历史之悠久。

传统中医药学将气功作为一种疗法,可以追溯到中医药学产生之初的远古年代。在古典气功学术体系中,以中医药学理论作为指导的气功学术流派即医家气功。在中医学史上,历朝历代卓有成就的大医家几乎都精通气功学术,如春秋战国时期的扁鹊、汉代的华佗、张仲景、隋代的巢元方、唐代的孙思邈、明代的李时珍等。

气功疗法是祖国传统医学的一个组成部分,具有传统医学的基本特色,同时还具有自身的医疗特色,有一些独特的疗效,在历代传承中得到了很大程度上的提高和发展。

中医学术与气功学术有本质的内在联系。它们具有共同的古典哲学基础,即二者的世界观和方法论的基础是一致的;二者的应用目的也有相通之处,气功锻炼的养生和治疗自古以来一直为中医所采用。

第一节　桩功疗法的原理

一、桩功疗法的基础原理

桩功疗法可以调整气血、调整阴阳、调整精神,通过调心、调息、调形、疏通经络,从而达到养气练气、健身祛病的目的。由于精神、气血、阴阳、经络与疾病的发生、演变关系甚为密切,所以调理精神、气血、阴阳、经络实属气功独特的疗法。

中国传统中医认为人体有九大系统,即运动系统、消化系统、呼吸系统、泌尿系统、生殖系统、内分泌系统、免疫系统、神经系统、循环系统。这九大系统都可以通过调理和锻炼达到养身、强身、祛病、益智等目的。

站桩疗法已被视为一种医疗方法，很多医疗单位采用它，并逐步进行科学实验研究。根据一些治疗的情况来看，有些认为不易医治之病采用桩功疗法以后获得医治。可以肯定，这种独特宝贵的疗法，会越来越广泛地得到发展。

二、下面分别介绍一下桩功疗法：调整气血，调整阴阳，调整精神，包括调心、调息、调形、疏通经络。

(一) 调整气血

气是一种活动力很强的精微物质，它不断地在全身流动，无处不到。不论外感内伤，最先涉及的便是气，疾病导致气的异常，由此再影响到血液、津液、脏腑、经络。

人体出现疾病，除了因细菌、病毒侵入人体外，体内的气受到损伤是主要原因。气机失调能变生出多种疾病。气血诸功能，通常简称为"气"因，所以气病也就最广泛。古代医书中有"百病生于气之说"，因很多病都是由气血不顺、气血不足导致的。人在日常生活中由于种种原因损伤了体内的气血，导致大脑及内脏功能紊乱，形成疾病。

传统医学认为，人体以脏腑经络为本，以气血为用，气是人体生命活动的动力。气在人体内活动的范围甚为广泛，它源于脾肾，出入升降治节于肺，升发疏泄于肝，帅血贯脉而周行于心，无处不及。气参与人体脏腑组织各种不同的机能活动，如脾胃的消化功能、心脏的血循环功能、肺的呼吸功能、肝的疏泄功能等。气是构成人体和维持人体生命活动的最基本物质,而桩功疗法通过养气、练气、调气、理气等修炼气的方法,来调整气血、强壮身体、防病治病、健身延年、开发潜能。事实证明通过桩功的治疗,一些患者的病症就会逐渐得到治疗。

(二)调整阴阳

中医认为很多患者致病的原因主要是由于阴阳失调、营卫不和所产生的,包括一般精神衰弱、失眠、肾虚、胃病、高血压、气血滞消化的溃疡病、关节炎、肩周炎等病症。诊断疾病同样也可以用阴阳的观点,如面部色泽比正常人偏鲜明者属阳,晦暗者属阴;说话声音比正常洪亮者属阳,低微者属阴等。通过辨别这些症状的阴阳属性,就可以逐步辨清疾病。《素问·阴阳应象大论》说:"阴胜则阳病,阳胜则阴病",阴寒盛易损伤阳气,阳热盛易耗伤阴液。阳虚则寒,阴虚则热。阴阳是辩证性的总纲,疾病的多种病理变化可以用阴阳的变化来说明。

疾病的发生,从根本上来说,是机体阴阳之间失于相对的协调平衡。那么治疗疾病也围绕调整阴阳来进行,以阴病阳治、阳病阴治的原则去调阴阳。所谓阴病,就是所患疾病表现出阴的特点,如怕冷、面白等,并且这个阴病不是由于外邪导致的,是体内阳气不足导致了阴偏盛,所以要治阳,补阳气以消阴。同理,阳病是阴虚导致的阳偏盛。所以说调整阴阳是重要的治疗方法之一。

(三)调整精神

从中医的观点来看,"神"为人身之主宰,统领支配各个内脏器官。

如果"神"经常得到保养，会使经络脏腑、四肢百骸都得到好处。"神"若受伤以后，人体很多部位就有产生疾病的可能。

一个患有内脏疾病的患者，能够经常不断地注意"养神"，也会较快地恢复健康。《内经灵兰密典》说："故主明则下安，以之养生则寿，主不明则十二官危，使道闭塞而不通，形乃大伤。"由此可见，站桩"养神"不仅对调节生埋机能正常化和控制疾病发展，有着重要影响；同时也是消除疾病、健康长寿的先决条件。

"真气内守，神不外溢"，必然可以健康长寿。《内经摄生篇》中重点教人们注意这些事项，其中提到"恬淡虚无，真气从之，精神内守，病安从来"。"恬" 就是内无所营，"淡"就是外无所逐，也就是说，我们能够经常不断地保持无思无虑，使神不外溢，久之，自然就会精气充满、内部充实，也就很少有疾病。

《黄帝内经》中指出："怒伤肝、喜伤心、思伤脾、忧伤肺、恐伤肾。"人类生命的四大杀手——心血管病、脑血管病、癌症、糖尿病的产生，无不与紧张的情绪有关。所以说，放松对健康十分重要。

七情与气也密切相关。七情是机体正常的精神状态，一般不会致病，但七情超过一定的限度而又不能适应时，会使脏腑气血功能紊乱，从而导致疾病的发生，即"喜则气缓，怒则气上，悲则气消，忧则气凝，恐则气下，惊则气乱，思则气结"。

桩功疗法还包含心理疗法，但是与通常的心理疗法有区别。心理疗法一般是指医生用语言、表情、姿势、态度等，对觉醒状态下的病人

进行说理、暗示治疗；或用一些特殊的诱导方法，使病人处于一种表面上有些类似于睡眠的催眠状态再对呈催眠状态下的病人进行暗示治疗，故病人始终是被动的。而气功疗法的特点是发挥病人的主观能动性，病人在老师指导下，通过自我锻炼从而加强自我控制的能力。

(四)调心、调息、调形

古今功法万千，但离不开三要素，即调心、调息、调形。其目的是利于入静、培养真气。调心、调息、调形为练功中的三调，对人体健康、调养治疗，起着一定的作用。

1.调心——调整心态，通过静，把追逐外境的心放在练功上，排除一切干扰。进入静的状态，从而得到心神合一的状态。

2.调息——调整呼吸，不人为地控制，渐渐地匀、深，以至胎息。练到一定境界，可以使内气与大气相呼应。

3.调形——调整姿势，让身体保持自然，把紧张的部位放松，达到舒适得力的状态。

(五) 疏通经络

经络、穴位、气血的学说，是中国传统医学的理论，也是中国气功的理论基础。经络、穴位、气血是非常复杂的人体组成，但可以简单而形象地解释：经络是气血运行的通道，穴位是气血运行的出入口。比如灯泡不亮可能是没有电了，应该检查一下线路，找到不通的地方，电路一疏通灯就亮了。现在有换脏器的，有些换了时间不久，新换的脏器也坏死了。这可能是因为经络不通，真正有问题的部位没有解决，是治标不治本。

经络的作用主要有两点，即联系内外、运行气血。这样就能疏通经络，治愈疾病。疏通经络的疗效显著，也是气功防病治病的实质所在。

经络疏通可以美容、减肥，这是女性最为关心的。面色不好是因为气血的问题，五脏通过经络，使气血运动、散布到体表以滋养皮肤，从而保持面色红润、肌肉丰满、皮肤毛发润泽。这样人的气色自然亮丽起来，这就是年轻貌美的原因所在。又比如，肥胖也是局部气血运行不畅，使脂肪和垃圾堆积所至。气功疏通经络，通过内气运动来消耗多余脂肪，从而达到减肥的目的，所以气功治疗肥胖有一定的效果。

经络、穴位、气血学说是中国气功的理论基础。中国传统医学包含丰富的内容，气功是中国传统医学宝库的一颗瑰丽的明珠。

第二节　桩功疗法的特点

一、由于站桩功简便易学，不受外界条件限制，无需特殊设备，是一种轻松的治疗方法，容易被广大群众所接受和掌握。

二、站桩功是集练、养、治为一体的特色疗法。桩功养生文化源远流长，并且易学、易练，老少皆宜。

三、站桩疗法稳妥、不出偏差、不会产生任何副作用，可治愈一般性疾病，疑难病症有的也可通过站桩得到治疗。

四、站桩疗法治疾病彻底。用站桩疗法治疾病，通过对局部病炉的清除，可促进整体健康。一般情况下，通过站桩治愈的疾病，不易复发。

五、站桩疗法有多种形式。有些人刚一听站桩，就认为都是站着练功，其实站着练功只不过是其中的一种方法，其他如坐式、卧式等都包括在桩功之内，并且各有其独特的练法。

六、站桩疗法的呼吸要领。练功时，采取自然呼吸的方法，通过意念活动与姿势调配，达到深、细、慢、均的腹式呼吸，最后达到呼吸精气、内外温养的效果。

七、站桩疗法要辩证地施治。站桩疗法中的姿势与功法的调配要合理，要辩证地医治不同患者的不同病况。

八、站桩疗法是动静相兼的练功方法。它在治病的同时，又有增强体力和练功的作用，但需循序渐进、持之以恒。

九、站桩疗法需要老师指导。这种治疗的方法，不管是形还是意的应用上，需要老师的指导，不然光靠自己看书是难以把握的。

十、桩功疗法是一种主动的疗法。气功疗法使患者在疾病面前处于主动地位，学会了所需的功法，便可实行自我调整、自我治疗，关键是病人要坚持练功，方可达到满意的疗效。

第三节　桩功疗法治疗的适应范围

桩功疗法治疗应用的范围很广，主要用于养生保健，也适用于亚健康人群精神、体力的恢复。在应用于慢性疾病的治疗上，具有西医治疗不可代替的疗效，其独特的治疗方法和疗效，越来越被人们认识和重视。

桩功疗法可以不同程度地降低能量代谢，使人体从"耗能"态转化为"储能"态。尤其对机能性和一般躯体疾患者，收效比较快。一些患者在经过不太长时间的治疗以后，食欲差、情绪低、失眠、高血压、局部疼痛等症状，有显著的好转。桩功疗法的效果也可能会因人因病而异，有大小快慢之别，没有疗效是很少的。有很多人病愈之后还继续练功，大多收到满意的效果。

在此将其主要适应医治的范围介绍如下：

一、运动系统疾病：颈肩痛、腰背下肢痛（颈椎病、腰椎间盘突出症等）、运动系统软组织损伤及劳损、骨质疏松症等。

二、消化系统疾病：慢性胃炎、胃下垂、慢性肠炎、直肠及肛门疾病、慢性肝胆胰疾病等。

三、呼吸系统疾病：支气管哮喘、慢性支气管炎、慢性阻塞性肺气肿、体质差易反复感冒等。

四、泌尿和生殖系统疾病：慢性肾炎、肾盂肾炎、慢性尿路感染、尿失禁、前列腺肥大、慢性前列腺炎等。

五、内分泌系统和代谢障碍疾病：更年期综合症、糖尿病、高脂血症、肥胖等。

六、免疫系统疾病：易患感冒及其他感染性疾病、易疲劳或易过敏等。

七、神经系统疾病：头痛、坐骨神经痛、其他脑及神经系统损伤等。

八、循环系统疾病：心动过速或心动过缓、心力衰竭、心律失常、心血管病、心肌疾病、高血压和低血压、高血糖或低血糖等。

第四节　桩功疗法的方法

桩功疗法是一种心身并治的疗法，根据不同的病情者的具体情况，辨明病情，合理选择不同的功法进行针对治疗。

一、设式

因病选择不同的桩法，桩功主要有养身桩、整体桩、浑圆桩、虚无桩。其动作的不同和用意的方法不同，治疗的范围也是不同的，所以要根据不同的病情者的具体情况，确定适合病症治疗的姿势、调配和用意。这样可使病人得到针对性的治疗，从而保证治疗的效果。

二、养治结合

养是整体的，治是针对的，养治结合的效果会更为理想。

三、局部有病，整体治疗

中医学认为"局部有病，整体治疗"。如果前列腺有问题，并不表明肾脏没问题。如果局部有病，通过整体的调整，局部的病灶自然会得到治疗。整体治疗有时比针对治疗效果更好，当然这也要区别对待，不是每种病都是如此的。

四、局部有病，针对治疗

有的病情需要针对治疗，这样效果好、见效快。

第五节　桩功疗法治疗要领

一、要把握好不同病症与功法、动作的合理调配。针对不同病症，功法和动作的调配方法是不同的。功法和动作的合理调配直接关系到治疗的效果。

站桩先要摆正姿势，即站桩的姿势要正确，要符合气功态的要领。当掌握动作要领和放松后，就可以根据病人的病情，针对性地选择桩功。一般初学练功的患者，在站桩疗法的治疗中，时间可由少到多、逐渐增加。随着病情稳定和好转，可调整功法。某些患者的病症，由于体质、病情和个人性格的关系，具有特殊的表现，这时就需要配合一些切合其需要的动作和意念活动。如患者练功时肌肉经常僵硬，应用相对放松的方法来练，等放松下来以后再练下一步的功法。若患者的情绪难以稳定，应用相对的入静方法来练，等情绪能稳定下来后再练下一步的功法。具体情况还应有丰富经验的老师给予指导。

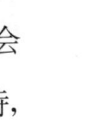

总之，要根据不同的病、不同的时期、调整不同的功法和动作。不可执着于某种功法，而是要随时注意患者在治疗中的变化，在功法和动作上都可灵活调配。正确制定患者在不同阶段适用的功法，方可达到理想的治疗效果。

二、注意不同症状与不同功法的应用方法。为了使初学者能有所了解站桩疗法的原理，现把调配方法做一些指导性的举例说明。

1、对肾虚的治疗应用方法

很多男人看似强壮，实则易疲劳、对房事无兴趣。根源就是肾气亏损了，机体看似年轻，但实际处于罢工的状态。许多人都会选择吃补品或药品，却不知能否补其肾气，因此是一时之效。中医认为，补肾必须先补气，因为元气承受于天、元气发源于肾。

在桩功中，养身桩对培养肾气的效果最好，练到一定的阶段，会产生肾气鼓荡之现象；随着练功效果不断提高、机能不断地得到改善，肾气得到了温养充实，肾虚会得到改善和康复。

2、对高血压的治疗应用方法

高血压症从中医观点上看大多数是因为阴阳失去平衡而造成"血之与气并走于上"的征象，其主要表现是交感神经兴奋性增强、血压升高、心慌脉快、精神紧张、易激动等。

在桩功中，用浑圆桩按提式来练，这样的动作可引导气血下降，同时还可调节阴阳之平衡。有些人经过一定阶段的治疗会康复，有些人的病症会不同程度地达到好转，这是因病情和生活习惯等各种因素影响, 有的效果快些, 有的效果慢些。

3、对失眠的治疗应用方法

失眠是由多种原因引起的。入睡困难、睡眠深度或频度过短、早醒、睡眠时间不足、睡眠质量差等, 是失眠的多种表现。

在桩功中, 虚无桩最适合治疗失眠。此功法修身养性的作用最好, 也就是调节人的精神状态、安神的效果最好。失眠患者通过不同时间的桩功治疗后, 能较快地达到入睡深沉的目的, 可摆脱长期依靠安眠药维持睡眠的状况。虚无桩对神经性耳鸣有显著的治疗作用, 也可改善和治疗一些忧郁症。

总的来讲, 站桩疗法的治疗动作与功法的调配, 在这里所谈是很有限的, 在具体治疗时遇到的问题更多一些。这需要有长期治疗、积累丰富经验的老师的指导, 加上自己不断的体会, 方可恰好把握, 绝不是前面列举的几个相对性方法就能全部概括得了的。

三、站式、坐式、卧式的对不同症状的应用。

身体不方便和虚弱的病人, 可用卧式或坐式练。虚弱的病人有好转后, 可再用站式练, 也可根据病情的需要交替使用不同的姿势。一般凡是可以站立练功的患者, 还是以使用站式练功为好。从练功治病的效果看, 站式优于坐式、坐式优于卧式。

第六节　桩功治疗的习练次数与时间

站桩治疗每天最少应坚持两次,最多不超过三次,一般初学练功患者,如无特殊原因,每天以二次为正常。至于治疗时间的长短,要按患者的不同病情和体质而定。凡不属于内脏器官的病症,同时体质又不太弱的,在开始治疗时,可以练十或十五分钟,以此为起点,逐渐延长练功的时间,大体上每天延长一至五分钟。

一般病人练功达到四十分钟或一个小时,可算作一个巩固阶段。练功的时间一般不超过一个半小时,练功不应勉强。如果自己感到舒适得力,不想停下,可根据自己的情况延长练功时间,但要掌握好度,不可过量。任何类型患者增加时间,应是自然做到的,不宜强求,否则负担过重,会有一些不良的反应。

第七节　桩功疗法中不同阶段的体验特征

站桩过程中病情不同、时期不同,会产生不同的感觉和现象,以下分为几个时期。

一、进入期

练功初期时,患者还没有养成练功的习惯,动作也不协调自然,练功时会产生不同程度的酸痛、打嗝、颤动、出汗、麻热胀感和心浮气躁等。像酸痛、颤动、出汗的现象主要是肌肉一时还没有做到真正的放松所致,也有些是练功中的自然现象。随着练功时间的增加,不适的感觉逐步消除,伴随而来一些舒适的感觉,加之身体状态的好转,患者对功法的体会和认知提高，逐渐体会其中的益处，从而对练功也越来越充满自信。

二、适应期

经过一段时间练功后，以内带外地练习，会产生内气带动身体的运动，产生一些不同程度的身体摆动和转动，产生头脑清明、全身轻松等舒适的功感。身体感到充实有力，病情也会有不同程度的好转，患者也会对功效有明确的认识和信心，逐步形成了练功的习惯。如果没时间练功，反而觉得不踏实。这是从被动练功转为主动练功的阶段。

三、舒适期

出现舒适期，说明练者进入了练功的状态，这也是最佳的治疗时期。自己练功的体会就更加深刻，一些进一步的功感相继产生，随之疾病渐渐消除，身体逐步地健康，心情也有很大的转变。练功产生一些使人感到舒适的功感，练者的内气逐渐充足，内劲逐渐产生，呼吸从胸式呼吸自然转入了深、细、均、长的腹式呼吸，也就是丹式呼吸练功状态。练起来身体感到舒适得力，人越来越体会到练功是一种享受，越来越认识到练功对治病的作用，越来越会对练功产生浓厚的兴趣。

四、功夫增长期

练功开始是以治病为目的，身体健康后，会逐步对武功的提高产生浓厚的兴趣。随着不断地坚持练功，功法不断深入，功力不断增长，练者会逐步从一个身体健康者成为一个身潜内功者，有的还能达到很高的武功境界。自古就有不少武术名家是从体弱者或病者成长起来的，如大侠霍元甲、大成拳宗师王芗斋等。

第八节　桩功疗法注意事项

一、要选择好练功的环境。安静、空气新鲜、有山有水有花草树木的地方最好。冬天可选择环境好的、空间大些的、空气流通的室内练功

二、注意不宜在风较大的环境中练功,更不宜人背着风练功,因人背后穴位多、易受风,故有"神仙还怕脑后风"之说。

三、桩功治疗前,要把衣扣腰带松开,不要憋住大小便练功,以免影响练功时的放松与入静。

四、空腹和饭前及饭后,不宜做站桩治疗。空腹时练功易有心慌的感觉,所以最好是在饭前或饭后半小时至一小时以后练功最为适宜。

五、桩功治疗时,应抛开生活中的烦琐事,心无旁骛去练功,不可急于求成、追求反应、追求疗效。要细心体会老师所要求的事项,循序渐进,方可得到较好的疗效。

六、桩功过程中,可能产生酸麻胀痛、出汗、发热、哈欠、打嗝、蚁走等感觉,这些都属于练功初期的正常反应,不要让它们影响正常的练功。

七、桩功治疗时,必须要注意放松。放松包括肌肉放松和精神放松,要求身体每个地方都要放松,但松不可丢劲,丢劲身体会瘫软。这

样方可得到良好的治疗效果。

八、凡是练过其他功法的患者，在桩功治疗期间，要毫不犹豫地放弃原来的方法，这样方可专心投入到桩功治疗中。同时期内参杂一些其他的功法治疗，反而会影响桩功治疗之效果。

九、桩功治疗以后，有些患者会有兴奋反应，凡是有兴奋反应的，最好在临睡一小时前进行练功。这样方不影响正常休息。

十、练功患者需要注意平日休养，保持好的心情，这样更有利于身体的早日康复。

十一、妇女月经期间可多练坐式、少练站式，等月经过去或减少后再练站式。

十二、桩功疗法与其他功法不同，在一般情况下，是没有禁忌的。

十三、女同志在月经期练功，可以适当在姿势和时间上稍稍减轻些，这样不会有什么不良反应产生。

十四、精神病的患者不可练功。

十五、患者在治疗中，要做到充满信心、坚持不懈认真按照老师指导去练功，这样才可发挥正常的治疗作用。反之，时断时续，治疗效果肯定会受到影响，所以说坚持很关键。

第九节 气功出偏与纠偏

一、气功出偏的原因

气功主要分三大家、五大派、四大类。三大家为佛家气功、道家气功、儒家气功。五大派一是禅定派、二是吐纳派、三是周天派、四是导引派、五是存想派。四大类分为武术气功、硬气功、养生功和医疗气功。这些气功有的练不好容易出偏，有的不容易出偏，有的不会出偏。桩功属于不会出偏的一种武术气功。有些气功习练者一旦出偏，就要忍受痛苦，迫切需要真正的气功师给予纠偏。古往今来练气功都有出现偏差的现象，这些多不是气功本身的问题，而是习练者自己把握的问题。

气功出偏的主要原因很多，如一些要小聪明的习练者，自己无基础、又无老师的言传身教、就这样自己去练，对练功的方法把握不准确，不明确一些练功现象的对错。如果确定不了不对的现象，以为自己练的方式是正确的，继续修炼，结果越练越错，导致出偏，练的时间越长，偏的就会越厉害。

二、气功纠偏的方法

气功纠偏需要有经验的气功师，明确对方练的是什么功法，再根据出偏的情况，制定纠偏的方法。出偏者要认真配合，因一些出偏者往往对功法一知半解，不认真地按老师制定的方法去做，甚至改动方法。所以出偏者必须要认真配合，方可消除因出偏带来的痛苦。

第五章　形意大成拳问答及教学经验

第一节　形意大成拳问答

问：老师，形意大成拳和大成拳是一样的吗？

答：形意大成拳和大成拳在形式上有相同之处，如都有站桩、试力、发力等。在功法上有不同之处，如在站桩、试力、发力等方法上都不同。大成拳不讲丹田，不讲气；而形意大成拳讲丹田，讲气，并讲明劲、暗劲、化劲的三种练法。

问：老师，形意大成拳和形意拳有什么不同？

答：形意大成拳和形意拳不同的地方很多。形意大成拳不练套路，在技击中不讲相生相克，不讲固定的招式，而是讲一拳一脚在技击中随机灵活地恰好的应用。在功法上形意大成拳以站桩为根本，以合劲、挣劲、整体劲、根劲、内里、内圆、空透、内整、浑圆九大劲道为功夫境界的明确划分。

问：老师，怎样识别内家拳的对与错？

答：看内家拳发力的方法，一般内家拳发力是以气发力，而用肌肉发力是错误的。看发力时，假如练者气血上涌，产生眼红、脸红脖子粗的情况，也是错误的。内家拳正确的发力气血是下沉的，与外家拳和西

洋拳相反。

问：老师，请问不过分地练肌肉等，对站桩以及进一步学习内家拳有没有影响？

答：内家拳要求去拙力，拙力也就是肌肉之力，这样方可更好地练习内劲。所以说：练重不如练轻，练轻不如练空。练重易把劲练僵了，松是内气运行的条件，练空方可做到真正的松，所以不主张负重去练。

问：老师，形意拳、大成拳、太极拳功夫的精华是什么？

答：形意拳功夫的精华是明劲、暗劲、化劲三种练法；大成拳功夫的精华是站桩、试力、发力；太极拳功夫的精华是内里走圆、外走化劲、发力弹抖。这些宝贵的精华形意大成拳都吸取了，并创立出更为直接、快速、易练的修炼方法。

问：老师，形意大成拳有速成练法吗？

答：速成的练法是有的，形意拳讲练一年打死人，那就是速成的练法。如果一年内把明劲的整体劲练好，一拳下去一般人肯定是受不住的。中华武术的魅力贵在博大精深，一定要明确所谓的速成，也就是练些简单的少许东西。社会上也有些江湖骗子，说速成能练出高深的武功，纯粹是无稽之谈。

问：老师，形意大成拳有绝招吗？

答：首先要明确绝招是相对而言的，没有绝对的绝招。人们通常认为绝招是可以一招制敌的。实际上相对的绝招不是在招法上，是在功夫上，有功夫的一拳一脚都是绝招。"半步崩拳打天下"，取胜的奥妙不在崩拳的变化、而在于功力的发挥。要有神奇的技艺，必须要有神奇的功力，绝招主要还是绝在功夫上，当拥有超人的功夫时，也就具有绝招了。

问：老师，传统武术中技击技巧的主要弊端是什么？

答：传统武术中技击的主要弊端是多重手、不重腿，腿法很少单练，腿上功夫不够强，在技击中手脚结合的应用不够好。平时谓招多是手法多，谓招少是手脚给合对练少。时间一长，面对手脚组合的快速进攻，练者就会不适应、反应差、防守不够熟练，处于被动中。

问：老师，练到什么时候方可进入推手和技击的高级阶段？

答：推手当练到化劲时，即有四两拨千斤的劲道时，就具备了常人意想不到之巧妙和快速，就意味着进入推手的高级阶段。

技击时，当一出手、一起腿，就使对方难以承受、失去战斗力或趴下，就进入技击的高级阶段。先要有功夫，然后才能谈技巧。为什么重量级拳手不能和轻量级拳手一起比武呢？因为力量之不同。内家拳讲的是功力之不同，功力不同说明不是一个档次的或相差多个档次，这样比试是毫无意义的。没有功夫的技巧，只是花拳绣腿，是不实用的。没有化劲上身，不易练推手；不能打人却倒、挨上既出，不易练技击。现在的人学艺多心浮气躁，以前老师授徒时，功夫练不到一定境界是不传打法的。

问：老师，点穴与硬气功能用于实战吗？

答：点穴与硬气功一样，打死不打活。因为在对抗中，很难把静态

中的打击力和抗击打之效果运用在动态的搏击中,也就是不能用于运动中的实战中,故历代实战武术家就没有什么点穴大师出现。

问:老师,武术交流与比武有什么不同?

答:武术交流与比武是互以对方身体为攻击的目标,相互之间的尺度很难把握。有时看似交流,实际已成比武了。若遇对方心术不正而偷袭,练者就存在受伤的风险。所谓交流中防小人之心不可无,这是武术不同于其他运动项目的特殊点。

真正的交流多是点到为止,在交流中大家取长补短、共同提高促进发展。但是比武就要分高低、就要体现自己的武术水平,出手就不留情面,并讲气要逼人、步要过人、手要打人等要诀。

在比武中,要做到知己知彼,才能百战百胜。也就是说了解自己和他人,才能够在战斗中屡战屡胜。如果做不到一击必倒、手出敌伤或致使敌方失去战斗力,说明自己功力不够、功夫没练到家。功夫练到家了,出手劲力会超过敌人的承受能力,一触而见高低。当然,如果不想伤人,可让对方失去重心而甘拜下风为最好。但也有些人不知死活,那就得下狠手、彻底制服他。不伤人而胜人,说明技高一筹,展现的是你武功的高深和武德的高尚。不管是交流还是比武,武德很重要! 总的来讲,多交流与多交手定会有利于技击水平的提高。问:老师,哪些练功的方法不利于身体的健康?

答:不利于身体的练功方法很多,不好一一说明,在这里只列举几条:

其一,超负荷的练功是不利于健康的,当然也不利于功力的增长,所以要合理地安排练功时间。

其二,一些松紧发力的方法是不利于心脏健康的,往往发力越大、越快,对心脏健康的危害越大。

其三,有些强硬和负重的练功方法,把一些血脉练得闭死了,更不利于身体的健康。

问: 老师,形意大成拳谈松紧发力吗?

答: 形意大成拳在明劲阶段讲发力要注意放松,放松可把劲打得更整、更透;但不讲紧,发力紧,会使气血上涌,心脏也会猛然地收缩,力发的越猛越大对人的健康越不利,年纪大者更不宜发此力。

内功发力,有的看似松紧却不是松紧,而是内气之蓄发和内气鼓荡等,发力时心脏是平和的。所以说形意大成拳不主张松紧发力。

问: 老师,形意大成拳要打沙袋吗?

一般来讲,打沙袋还是必要的,主要目的不是练力量,而是用力量去接触实物,体验感觉打到沙袋上的最大的打击力的。这种力量在人身上是不敢试用的,只有通过沙袋的应用,才能看出打击的杀伤力。长期留手地交流,不敢真的放手一搏,会影响真正搏斗中的打击力度和技术发挥,所以时常练习放开地打击实物还是必不可少的。

问: 老师,比武胜负的真正意义是什么?

答: 比武的目的主要是为了验证自己的武功,提高自己的武功。验证武功的高低,最简单的莫过于动手比试。

问：老师，形意大成拳好上擂台比赛吗？

答：肯定地讲，形意大成拳是可以上擂台比赛，但必须要变通一下，结合应用形意大成拳的技击法与散打的变通。

有些技巧，要针对比赛规则进行调整和结合。比如手法，虽然形意大成拳手法精密，但带上拳套，像连手、一些刁钻的手法就无法应用，所以要改成散打的手法，变一下方可适应擂台赛。这样才能走向现代的竞技比赛，同时发挥出内家拳的内功和一些技巧。我有些徒弟经过变通训练，在国际国内的一些擂台赛中，就能打出好的成绩。如徒弟汤勇，经过几个月变通相对的训练，第一次参加擂台赛，便在国际散打争霸赛中获得 75 公斤级的亚军。可惜这种比赛不能完全展现形意大成拳的技击技巧和实战的风格特点，只能使传统武技得到相对地发挥。

问：老师，武功提高的主要方向是什么？

答：武功提高的主要方向是如何取得内劲和应用内功，如何最大限度地去调动和发挥人体的潜能，从而达到技击与养生理想境界。

问：老师，武术最大的魅力是什么？

武术最大的魅力不是从中获得名望和金钱，而是体会武术高深莫测、博大精深的内涵。所以，作为一个真正的练武者，追求武术的最高境界就是最大的动力，在获得高级武功时体会到莫大的满足和乐趣。

第二节　形意大成拳的教学经验

一、首先要明确学员学武的目的。只有明确学员学武的目的，方可制订相对的学习内容和练武的计划。学武的目的包括多种：是专业的还是业余的、是练技击的还是练养生的、是治病的还是爱好玩的等。

二、要正确引导。对学生要给以正确的引导，不要盲目追求什么武术之正宗，不要墨守成规。要注重体验，不要光注重追求什么绝招和技法，而不注重功法之修炼。不要光求多而不求精，什么拳都学，导致什么都不精通。不要光注重学、而不注重练，导致学多而练少。

三、要注重对人才的选择。选择人才是出人才的关键，不光要注重聪明和勤奋的人，更要注意人品好的人。人品不好教出来，枉费了老师的心机，说不定还是个祸害。

四、教拳要量才施教。应对每一个学武者，从道德修养和文化程度、个性、身材体魄以至感悟能力，先作充分了解。应根据每个学员的不同，应用不同的方法，使每一个学员都能更好地学习和吸收。

五、重视学与用的练习。教拳过程中要重视学与用的练习，培养学生对拳术的了解、喜爱，从而引导学员去追求武术的境界。

六、正确看待学与练、体与用之间的关系。

如何看待学与练？我认为学的路子要对，路子不对，即使花时间刻苦练，也练不出真功夫，有的还练伤了。反过来讲，学对了路，还需刻苦去练，功夫方可上身。不练习，功夫是上不了手的。

如何看待体与用？体指功夫，功夫好还要会用，方可发挥出功夫的威力。反过来讲，功夫好不会用，也发挥不出功夫的威力，所以用也很重要。

七、要循序渐进地习练。在教学中要一步一步地教,不可跳着教。对学生要严格要求,要花时间练好上一步,再练下一步。反之,如上一步练不好就教下一步,下一步更不易掌握好。所以,只有一步步地去教,一步步地去学,由浅入深,循序渐进,这样方可学好武功。

八、教学要讲解与示范结合。对初学学生,要多讲些武术理论,让学生了解拳术的内容、理解武术高深神奇之处。在教学中示范与讲解相结合,能使学生直观看到动作,便于模仿和掌握。

九、师父领进门,修行在个人。技艺在于传授,名师出高徒。但师父教的武艺,还必须要自己坚持不懈地练习。只有从练中,方可真正体悟和掌握传统武术的精妙之处。

十、掌握习练时间。习练武术,要掌握武术练功的时间,这是出功夫的关键。练功好比烧水,经过从温热到出现气泡、再到沸腾的过程,如果水烧温热就停下,就不能烧开水。练什么都要掌握好火候,掌握好不同功法的练功时间,方可出功夫。

十一、平时下功夫,瞬间显身手。常言道,台下十年功,台上一分钟。功夫是靠平时的积累而来的,来不得半点虚假,只有在平时多练习、掌握超人的武技,方可在瞬间大显身手。

十二、正确处理教人与自修的关系。长时间教学习练武功,对自己也应该有要求,要注意安排自己的练功时间,不然自己功夫也会丢失。自己练功时,不能安排时间教人,否则既不能教好习练武功的人,自己也无法入境。

第六章　有关武林比武的经典轶事

一、戴隆邦遇心意六合拳名家显身手

戴隆邦,清代山西祁县小韩村人(约 1713—1803 年),享年 90 岁,乾隆时期人。

戴隆邦自幼酷爱武术,长年坚持练功习武,寒暑不辍,更兼谦虚好学,广交武术名家。在游历至安徽池州时,遇到心意六合拳第二代传人曹继武先生,得先生之真传。后经过几十年锲而不舍地钻研,博采众长,融多家拳术之精华,终于编创出具有独特功法的戴氏心意拳。武术界将他尊为心意拳的开山鼻祖,声震武林。

曹继武的高徒李政以经商为生,时人不知李政身怀绝技。因经商常路经广升客店,便在此住宿。戴隆邦为人豪爽义气、待人以诚,对李政非常敬重,待之如座上宾,茶余饭后常陪李闲谈。

庭院里戴隆邦的两个儿子文量、文勋正在练对打拳,李政看了不由哈哈大笑,文量、文勋正打在兴头上,听见有人笑忙住手,文勋说:"我们用重金先后聘请了三位武林高手为师,十八般武艺无不通晓,你凭什么耻笑我们兄弟俩？"

戴隆邦忙喝道："二闾(乳名)不得无礼！"忙向李政赔罪说："犬子无礼，不知天高地厚，望先生海涵！"又问："先生莫非精通此道吗？"李政说："略通一二。"戴隆邦说："请先生斧正。"李政说："汝子所练为花拳绣腿，取悦于常人尚可，若与名家较技，则难于取胜。"遂走至庭院走鸡腿一趟。"二闾轻蔑地说："这就是你的拳？ 以此欺人还敢大言不惭！ 敢与我较量吗？" 李政说："尽你俩所学一齐攻我。"大闾、二闾也不客气，一前一后两面夹击。一个照面，没看清李政如何出手，两人就同时凌空被打出两丈开外，两人不服，连续三次比试均败北。

戴隆邦一生酷爱武术，今日一见心中大喜，直觉告诉他真正的高师到了，他猛然站起，命两个儿子磕头谢罪，又重摆酒宴。自此，人皆知李政精通六合心意拳，鸡腿先生之名誉满大江南北。

二、戴二闾打戴氏心意拳于沧州擂台比武

戴隆邦的儿子戴二闾，自幼承授父教，功夫更是了得。当时河北沧州一带常有强人出没，领头的是一位绿林英雄。这位沧州好汉也素闻戴二闾的大名，但心里不服气，于是设下擂台，特邀戴二闾前去一试高低。沧州在历史上素有"武术之乡"的称谓，许多镖师更是视沧州为畏地，走镖到沧州地面时，向来是掩旗悄声而过，这就是后来江湖上的"镖不喊沧州"之说。这位沧州好汉自恃这个名头，料戴二闾必不敢

前往应战,但没想到戴二闾艺高人胆大,居然果敢前往。比试中,交手只几个回合后,戴二闾佯败,却以一招"美人挂画"的轻功,将自家的身子从对方拳脚下轻轻脱出,又如被轻风吹起一般,牢牢贴在了身后的墙上。这一招让瞧热闹的外行看了不知其然,但在能看出门道的内行眼中,戴二闾的功夫何等了得。戴二闾这一招既给了对方足够的面子,也显示了自己高超的功夫,就这样一下子折服了对手,也折服了所有在场的武林人士。擂台上的对头由此而成为朋友,戴二闾的名声一下子传遍天下武林。

三、神拳李洛能山西遇高人

李洛能是中国武术家、近代形意拳宗师,世称"老能先生"。他是河北深县窦王庄人(1808—1890 年),终年 81 岁。其弟子众多,知名者有山西太谷的车永宏、山西大兴的宋世荣、河北深县的刘奇兰、郭云深等。

为了探求武术真谛,李洛能遍游全国寻访高师。有一天,李洛能来到山西祁县温曲村,拉开场子就练拳,并扬言打遍山西无敌手。李洛能这样说的目的,是引高人露面。文曲村有位教书先生郭维汉,正在书馆中教书,有位老者匆匆进来说:"来了一个耍把式卖艺的,拉开场子就练拳,并口出狂言,这不是小看咱祁县无人吗?"郭维汉说:"领我去看看。"郭分开众人,见一个汉子正练得起劲,左一个懒龙卧道,右一个风摆荷叶,转身推窗望月,手足齐攻龙虎相交,闪身白鹤亮翅,缩身乌龙翻江……出拳有风,脚落生根,练罢面不改色、神态自若。郭维汉看罢心里暗想:此人果然身手不凡,只是傲气太盛了。这时李洛能拿了一杆花枪正要练,郭维汉走进场抱拳施礼:"请问武师尊姓大名?"李洛能见来人,儒巾儒服手拿短手杖,说话文质彬彬,甚轻视之说:"河北李洛能是也。" 郭维汉又说:"在下愿请教益,不知愿赐教否?"李洛能想,像如此一人,一举手即可击败,说:"你想比拳,还是比刀、枪、棍、剑,由你挑选。"郭维汉说:"你手中拿着枪,看来精通枪术,可与你较枪。"李洛能又拿一杆枪给郭维汉,郭维汉说:"不必,有此短手杖即可。" 李洛能说:"刀枪无眼,还是以枪比试。"郭维汉又说:"是我情愿,伤着与你无关。"于是二人动手,较十余回合,李洛能手中枪被击中、脱手而出、掷于数丈以外,郭维汉疾进身,用短手杖将李洛能跌出丈余外。郭维汉抱拳施礼,连连说:"承让! 承让!",遂扬长而去。

俗话说:"行家伸伸手,便知有没有"。这是李洛能遍游全国以来,从没见过的武技高超者。李洛能向围观的人打听,闻戴氏心意拳之名,遂变卖部分家产,别母离妻,千里迢迢到山西祁县小韩村学习戴家心意拳术。然而,多次登门求教,均遭拒绝。李老农心诚意坚,深知戴家心意拳的厉害和戴隆邦的威名,便为其送菜,风雨无阻,未曾取得分文。戴隆邦感其心诚,遵母命于道光十九年(1839 年)正式收其为徒。当时李洛能 37 岁,入师门最初 2 年,李洛能仅学完五行拳之一的行劈拳(金行)以及一半连环拳。

经过十年精心练习,他终得大成,艺成后开始悟化传授此术,并潜心于心意拳术之研究。回乡广传门徒,在心意六合拳基础上,吸收道家的养生观点和哲学思想,结合平生武术实践,取长补短,改革创新,将"心意"改为"形意",形意之名由此开始,形成了养生与技击并行不悖的中华武术名拳。由于武艺高强、威震武林,又有"神拳李"之威名,著有《形意拳谱》。

四、崩拳大师郭云深三胜焦洛夫

郭云深,河北深县马庄人,是清朝末年的一位著名形意拳大师。幼年习练拳术,后拜能然先生为师,昼夜练习数十年,深得形意拳之精义。后来练就绝技半步崩拳,以"半步崩拳打遍天下"而著称。郭云深挟此崩拳与武林各派名师较艺无不得心应手,尤以三胜焦洛夫被传为美谈。

焦洛夫,正定府北高营人,人称"鬼八卦",拳法精奇,器械独到,尤以大枪为最,曾胜过刘德宽等名师,但与郭云深较技却败在崩拳之下。焦洛夫败在郭云深崩拳之下以后便闭门不出,苦练三年格法。"格"就是双臂轮番下砸,欲用此格法破郭云深崩拳。待练至能将鸡蛋般粗的腊杆轻易砸断时,又约郭云深比武。

二次比武,郭云深还是用崩拳进攻,焦洛夫急用臂来格,谁知根本格不住落在焦之臂上的崩拳,焦洛夫又被打出丈外。焦洛夫苦思多时,终得一招,第二天又约郭云深试艺。郭云深甚是奇怪,便倍加警

觉地应战。三次比武，当郭云深右手崩拳出击时，焦洛夫又用右臂来迎，却不往下砸，而往上挑。郭云深一惊，急忙抽右手，左手崩拳以迅雷不及掩耳之势击中焦洛夫之前胸，焦洛夫便跃出倒地。郭云深急忙上前相扶，焦洛夫连声赞叹：好崩拳，好崩拳。说罢当众挽起右袖，对郭云深及众人说出了第三次试艺欲用之绝招。原来他在右臂上绑了块刃朝上的拐镰，本想待郭云深崩拳来时往上猛挑，以断郭云深之臂膊。谁知郭云深反应神速，见其上挑，本能地收回右臂，待焦洛夫挑空臂下落的瞬间，早用左手崩拳凑功。从此，郭云深半步崩拳打遍黄河两岸的事迹和刻苦练功的精神流传开来，深深激励教育着后人。

五、郭云深和董海川正式比试

郭云深和董海川正式比试，由刘奇兰作证。二人来到院中，彼此拱拱手，拉开架式，一个是八卦掌的创始人，一个是形意拳大家。八卦掌是由河图洛书所记载，自始至终在圆圈里求生活。郭云深的形意拳多是以退为进、招招进袭。两位的功夫都到了出神入化之境，全拥有不见不闻便能知觉的上乘功夫，正是棋逢对手，好看煞人。

郭云深最得意的就是崩拳，一般有名的拳师碰着他，只一招崩拳便可取胜。他这崩拳打着人，能把人打起一丈多高。再说他的十二形也十分了得，一个"伏龙升天"乘势能到当时房屋的屋顶，还有蛇形、燕形等都不寻常。但今天遇着董海川，可就不那么顺手了。首先他最得意的左右崩拳都未打着董海川,郭云深从心里佩服董海川的功夫。但是他还不死心,右手再一次使出崩拳,董海川一转身左手迎招,用背后插掌无形中就化开了。郭云深接着左手崩拳已到,董海川趁势用右手单换掌,把郭云深的左手崩拳化出。

郭云深一看左右崩拳又没用上,绕到正面使了个"燕子钻天",直取董海川咽喉。董海川一看来势凶猛,微微用左掌一推郭云深的右手,扣步转身就把郭云深发出来的劲儿给化解开了。两个人一来一往,战了有百十个回合,刘奇兰一看时候不早了,该歇歇了,立马叫停二位。

接着董海川和郭云深又比试了一天器械,无论是刀是剑都不分胜负。董海川始终都没用厉害的招数还手。二人比试了两天就算打个平手。

刘奇兰看到了董海川那高超的武艺,心中也暗暗佩服。他不像郭云深那样好斗,比较谨慎,因此不愿意同董海川再比试。

话说回来了,刘奇兰的功夫不在郭云深之下,一旦和董海川比试,也不会轻易输了。刘、郭二人在董海川处又住了一日,三人互相切磋技艺,并把形意拳、八卦掌融合为一体,"形意、八卦不分家"被传为佳话。以至后来程廷华与刘奇兰、郭云深的弟子李存义、张占奎结为金兰,为发展充实八卦掌起了一定的作用。

由于太极、形意结为友谊,董海川为发展八卦掌创造了有利条件。人们把形意拳、八卦掌、太极拳这三门内家拳术形象地比喻为"形意如捉虾,八卦如推磨,太极如摸鱼"。

技击特点是形意拳为打中打,八卦掌为走中打,太极拳为化中打。形意拳刚猛似虎,八卦掌行如游龙,太极拳柔如缠蛇,并有"太极画圆,形意点点,八卦转圈"的歌谣。

论拳之发力、内劲之阴冷、狠毒、刚烈,太极拳、八卦掌不如形意拳;

论身法、步法之灵活,太极拳、形意拳不如八卦掌;

论腰及周身之松柔,运化之巧妙,八卦掌、形意拳都不如太极拳;

也有的称此三门武术为:形意手、八卦步、太极腰。以上高度概括了三大内家拳的基本特色及其各自的优长。

六、韩慕侠击败"震环球"

韩慕侠,天津芦北口人,人称玉面虎,是当年和霍元甲同乡并齐名的武术大师,自幼习武,13 岁时拜周义斌为师,习少林拳。后拜闪电手张占魁为师,学习形意拳、八卦掌,为张占魁最重要的弟子。

1918 年秋,俄国大力士康泰尔先在天津、上海表演武技,轰动观众,然后来到北京。这个大力士有 2 米多高,膀大腰粗。据说能够屈钢轨、断铁链,有 1.4 万磅的力量。除力大无穷外,他还精通拳击术,自诩天下无敌。为达到称雄世界的目的,康泰尔环球旅行,每到一个国家,先是武技表演,再进行拳击和搏击比赛。不到两年功夫,他打遍欧美等 46 个国家,无人匹敌,得了 10 枚金牌,于是康泰尔得到了"震环球"、"世界第一大力士"的美誉。中国是康泰尔环球旅行的最后一站。康泰尔知道,中国武术为世界上乘功夫,他要与举世赞誉的中国武士角力,以显示他"世界第一大力士"美名的货真价实。康泰尔到中国后,巡游各地,最后来到了北京。到京后,他下榻东交民巷六国饭店最豪华的房间。稍事休息后,康泰尔就到北京最大的剧场——前门外第一舞台进行表演。

1918 年 9 月 3 日,康泰尔表演角力引起了轰动,接着连演数日盛况空前。康泰尔得意之际,便提出要在中央公园(五色土)举行"环球第一大力士比武大会"。

康泰尔想与中国武士比赛,但当时中国没有官方武术组织,只有天津中华武士会一个民间武术团体。于是,康泰尔便致函邀请天津中华武士会与赛。天津中华武士会早就对康泰尔蔑视国人的行径感到不满,接到康泰尔的信函后,中华武士会会长李存义和张占魁便邀42 岁韩慕侠出战。韩慕侠闻听此事后毅然表示:"此事关乎国体,义不容辞,遂允与往赛。"到达北京后,中华武士会派代表王亦、韩武士与康泰尔谈判比武条件,并签定生死文书。康泰尔签定生死文书后,似被我中华武士的凛然正气所震慑,甚感惶恐。于是,他送厚礼给当时的警察总监吴炳湘和步军统领李长泰,强行把比武改为演武。韩慕侠闻听愤然道:"生死何足惜,倘不一角,致康君携奖而归,直视我国无物",韩慕侠提议这擂不打也得打,警察厅不让,就到六国饭店去。于是,韩慕侠、张占魁、李存义、王俊臣等人当晚 8 点钟直奔六国

饭店。康泰尔见中华武士会的武士来找他，不禁大吃一惊：这是哪个吃了豹子胆不怕死的，竟敢找上门来？一见面威胁道："我打遍世界无敌手，击败过许多大力士，一动手，会像摔小鸡子一样摔死你们。我劝你们中国人不要自讨苦吃。"韩慕侠冷笑说："我平素专打大个子力士，我打你如同打耗子一般。而且敢订下生死文书！" 翻译照译后，康泰尔气得七窍生烟，立即立下"生死文书"，搬开桌椅，摆开架式，准备拼命。康泰尔怒不可遏一拳打来，韩慕侠向旁一闪，化解此招。康见第一拳落空，豁地伸出了右手，直奔韩慕侠的咽喉掐来，几乎同一刹那，韩慕侠用八卦掌的"挑掌"往上一撩。康泰尔这一凶招未着，更红了眼，翻手就抓韩慕侠的手臂，康泰尔想凭借自己身高优势，只要将韩慕侠抓住悬于空中，任凭你天大的本事也无济于事，然后再把你摔个半死，这也是他周游世界角力的获胜诀窍。然而，当康泰尔伸手抓韩慕侠的手臂时，他自己的右肋就暴露出来，说时迟、那时快，韩慕侠抓住这一瞬间，下盘先用一招"勾连腿"勾动康泰尔的双脚，康泰尔顿时脚下无根。这是韩慕侠与别人交手比武的绝招，意思就是使对方重心不稳，借对方的力击打对方。对方的劲越大就越狠，这是一种借力打力的绝招。就在康泰尔身体一晃、失掉重心之际，韩慕侠用左手隔开康泰尔伸来的右手，右掌以迅雷不及掩耳之势、用开碑劈石之功力，一个形意之"虎扑" 重重击在康泰尔的前胸上，韩慕侠的掌力借上康泰尔前冲的拙力合在一起，轰隆一声，康泰尔应场倒地，跌出丈外，如半堵墙塌下来。康泰尔呀呀惨叫，呕吐不已，仰面躺在地上，动弹不得。韩慕侠喝令再战，康连连表示认输，当时把世界第一大力士标榜撤掉，11 面金牌全数让与韩慕侠，表示取消日后的比赛。众武士大喜，遂得胜离开六国饭店。

尚武为救国，韩慕侠等人回到天津时，受到了盛大的欢迎。当时，整个天津北站人声鼎沸、鞭炮锣鼓齐鸣，天津各界数百人齐聚站台，迎接韩慕侠等人凯旋。

韩慕侠把战胜康泰尔赢得的 11 块金牌全部献给中华武士会。经过武士会研究，为表彰其功，决定把大金牌赠给他，其余 10 面小金牌按照韩慕侠的意见，存于武士会。武士会又开庆功大会，由会长李存义把大金牌赠予韩慕侠，并合影留念。

七、王芗斋神技威震日本拳圣泽井健一

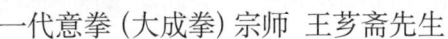
一代意拳（大成拳）宗师 王芗斋先生

王芗斋先生为一代意拳（大成拳）宗师，晚年自号"矛盾老人"，1885年生于河北深县魏家林村。因其幼年瘦弱又患喘病，家人恐其不寿，自1894年使其从郭云深大师学习形意拳。因其终年苦修苦练，寒暑不辍，深究拳理，倍受郭老青睐，故尽得郭老毕生拳学之精髓。弱冠之年，已成为一代名师。

1940年初，日本柔道、剑道名家泽井健一（当时是柔道五段、剑道四段）。泽井健一，1903年12月生于日本东京部，34岁时来到北平。由于自幼酷爱武术，所以十分留意中国的传统武术。他曾先后与中国的摔跤名家沈三、宝三试过艺，结果双方互有胜负；也曾与少林、八卦、太极门的一些名家交手，鲜遇对手，便甚为自负，甚至产生了中国武术不过如此的想法。当他听说王芗斋的功夫是最好的后，便雄赳赳、气昂昂地找上了门。

经王芗斋弟子礼立介绍，泽井健一在北京太庙与王芗斋老师比武。参加在场评判的是北京武术馆馆长许笑羽及日本高级顾问武田熙（他学过中国武术通臂拳）。当场最先比试的是剑，泽井健一用剑劈王芗斋头部，王芗斋老师用文明手杖只在泽井健一剑的背上一按，即将其摔出丈余倒地，如此三次泽井健一均被王芗斋老师用杖摔倒。

王芗斋老师后来说："手杖只是腕、手、臂力量的延长"。

最后泽井健一提出必须抓住王芗斋老师的手腕，实际是要用柔道的绝技。但泽井健一的手刚要抓住王芗斋老师的手腕，即被王芗斋老师的发力将泽井健一摔倒在地，也是三试三败。泽井健一当即拜倒在地，要求拜师学习意拳。

泽井健一1976年在东京出版的《中国实战拳法太气拳》一书中写道："当时我是柔道五段、剑道四段，年轻力壮，很有自信，当时我抓住王先生手腕想摔倒他，但都被王先生把我弹飞出去。因而我想到和王先生对手时，我要求先生作成对抓状态，我想抓工先生的左袖和衣襟往外扔，如果失败时再用寝技（自己倒下去的技巧），也许可以。我又抓住他的左袖和右襟拟用寝技去摔，先生问'抓好了吗'？我说'抓好了'。然而，就在这说话的一瞬间，我的手完全失控，突然被弹飞出，我不知是怎样被弹飞出去的，我们几次交手，结果都是一样。而我每次被突然弹飞之际，感觉就像触电一样的刺痛，每次都像在心脏部位被拍了一下，好像心脏被电击而动摇的样子，有一种由奇特的震动而产生的恐慌，至今仍记忆犹新"。这是泽井健一和王芗斋老师比武时的感觉，数十年过去了，泽井健一现已八十六岁仍在锻炼意拳，以求达到更高的深度。泽井健一是王芗斋先生唯一的外国弟子，他的著作中常常提到王芗斋先生："我曾向王芗斋先生请教真正的武道对武道，尤其是剑道，我才知道武道真正的伟大。"

泽井健一在向弟子谈太气拳中腕的使用有重要意义时，提出王芗斋先生曾多次指导他用腕的内侧。泽井先生说："对于对手攻击过来的拳，王先生总是用腕的内侧迎着挂上，一下子把对方弹回去，好像把对方的拳吃进去、再吐出来。当时觉得不可思议，想这可能是神技，后想不让被挂住、上下摇晃去攻击,但总是被腕弹回。普通都是用腕的内侧把对手引过来,再用腕的外侧转为差手(手向前,插向对方之意)、拂手(手向旁拨之意)攻击。而像王先生用腕的内侧也能攻击的,确实不多。一般人几乎不知用腕的内侧,只是上下、内外来回挡,从感觉上不懂如何把拳吸过来。"因而,泽井认为王芗斋先生的这种技巧达到了绝妙的地步。

谈到他当年向王芗斋先生学习基本训练,尤其是站桩时,他还是有怀疑的。泽井先生说:"我是从见到王先生被他打了一顿后,才开始练站桩的。我每天在树下站桩时总是想,这样站着有什么用?要是真的动起来,就能产生气和力吗?这样想了大约三年,我想要放弃,但有失日本武士的门面,一直有这样的想法,但因实际交手时王先生确实非常厉害,所以,不论怎样我也想学到真正的技艺,当时像着了魔一样,一有空就站桩。"

泽井先生回忆和王芗斋先生相会时说:"我和王先生相会是第二次世界大战前在中国居住期间。王先生人并不高,行走的时候有点像鸭子一样。" 又说:"先生的腕很细,他的皮肤耷拉在骨头上,但一碰上就如木棍似的,与其说是硬,还不如说不知道有什么感觉。有一次同妻子去先生家拜访,临别时先生送到门口,我挡了先生一下说别送了,请回,王先生说没关系,就反推了我一下,我感到他的手如圆的木桶。我想这可能是站桩的功夫。"

至于泽井先生师从王先生的原因,他说是由于和王芗斋先生交手时失去了自信,当即决心做王先生的徒弟,但被以"不收外国人做徒弟"而拒绝,经过一星期的登门恳请,泽井先生终于成为王先生弟子。

后　记

　　此书从 1992 年开始动笔书写，经过 20 多年的不断修改、不断体认逐步完成。写书的过程，也是形意大成拳逐步形成、完善的过程。现在终于和大家见面了，希望广大武术气功爱好者从中得到武功技击的启示和健身养生的益处；也希望传统武术专业人才，能够不限于理论说教和表演，而是要培养出能实战的专业化武术人才，走向擂台，像泰国拳手一样，从小开始培养。这样方可使我们博大精深的国术更好地展示在世人面前，更好地得到发展。

　　在本书编辑过程中，得到了诸多朋友和学友的帮忙。如原市政协谭学立主任和《苍梧晚报》穆春桥编辑，对书的撰写提出许多中肯有益的见解；师弟刘明唐做了书中图片的拍摄工作；弟子焦加新、穆家程、王锐、邱海兵、薛建卫（常州）、刘绍平（成都）等全力配合支持，做了诸多辅助工作；特别是赵鸣老师对本书所做的一些关键文字的编辑和润色，使得本书日臻完美。在此，我对于各方人士的帮助和支持表示衷心的感谢和诚挚的致敬。

　　《形意大成拳》终于出版了,但我的拳意意犹未尽。写书的过程是我体会和感悟拳术的过程,也是学习、练习形意大成拳的过程,书中的一些感悟和心得肯定不尽完美,还需要与学友们共同体悟,再续写新篇。"业精于勤荒于嬉",形意大成拳还将传承发展、不断精进、日趋完满。我衷心地希望形意大成拳这朵中华武术宝库中的奇葩更加艳丽夺目,并希望此书成为习练形意大成拳的新起点,为中华武术增光添色。同时,也希望本书的出版,能够给广大喜爱中华武术的同仁和挚友们带来武艺的提升和健康的快乐!

王建平

二零一六年五月书

形意大成拳 / 王建平著

编. —— 北京：五洲传播出版社，2016.5

ISBN 978-7-5085-3420-6

Ⅰ. ①形… Ⅱ. ①三… Ⅲ. ①形意大成拳专著

Ⅳ. ①G852.14

中国版本图书馆CIP数据核字（2016）第113995号

形意大成拳

责任编辑：黄金敏

封面设计：北京京辰阳光文化发展有限公司

内文制作：北京京辰阳光文化发展有限公司

出版发行：五洲传播出版社

地　　址：北京市海淀区北三环中路 31 号生产力大楼 B 座 6 层

邮　　编：100088

电　　话：010-82005927，82007837

网　　址：www.cicc.org.cn

承 印 者：北京圣彩虹科技有限公司

版　　次：2016 年 11 月第 1 版　2017 年 8 月第 3 次印刷

开　　本：787×1092mm 1/16

印　　张：19印张

字　　数：12.4 千字

定　　价：56.00 元

经　　销：全国各地新华书店